TRANSLATION HORIZONS

第 十 八 辑

主编 孙三军

外语教学与研究出版社
FOREIGN LANGUAGE TEACHING AND RESEARCH PRESS
北京 BEIJING

图书在版编目（CIP）数据

翻译界. 第十八辑 ：汉文、英文 / 孙三军主编. -- 北京 ：外语教学与研究出版社，2024. 6. -- ISBN 978-7-5213-5391-4

I. H059

中国国家版本馆 CIP 数据核字第 2024ZM1320 号

翻译界第十八辑

FANYIJIE DI-SHIBA JI

出 版 人 王 芳
项目策划 刘相东
责任编辑 孙 慧
责任校对 刘相东
封面设计 彩奇风
出版发行 外语教学与研究出版社
社 址 北京市西三环北路 19 号（100089）
网 址 https://www.fltrp.com
印 刷 北京捷迅佳彩印刷有限公司
开 本 710×1000 1/16
印 张 10
字 数 167 千字
版 次 2024 年 6 月第 1 版
印 次 2024 年 6 月第 1 次印刷
书 号 ISBN 978-7-5213-5391-4
定 价 60.00 元

如有图书采购需求，图书内容或印刷装订等问题，侵权、盗版书籍等线索，请拨打以下电话或关注官方服务号：
客服电话：400 898 7008
官方服务号：微信搜索并关注公众号“外研社官方服务号”
外研社购书网址：https://fltrp.tmall.com

物料号：353910001

《翻译界》

北京外国语大学主办　英语学院翻译研究中心承办

★本刊获北京外国语大学“双一流”建设经费资助

目　　录

访谈

大语言模型在汉英技术文献翻译中的应用实证研究①

姚亚芝
北京交通大学

摘　要： 技术文献翻译对国际合作、知识共享和技术创新非常重要。本研究探索了大语言模型在汉英技术文献翻译中的应用，以提高翻译质量和效率。以铁路工程建设标准为例，使用 GPT–4 进行机器翻译和人机协同译后编辑，并对人机译文和人工译文进行多维度评估。结果显示，大语言模型在技术文献翻译中具有广泛的应用潜力，人机合作译文在语法、句法和逻辑方面优势显著，而人工译文在专业术语翻译上更准确。本研究提出了优化技术文献翻译流程的方法，强调术语表制作、提示优化等关键环节的重要性，并建立了基于大语言模型的译文质量评估体系，为科学评判技术文献翻译质量提供了新视角。

关键词： 大语言模型；GPT–4；技术翻译；翻译质量

Using Large Language Models for Chinese-English Technical Translation: An Empirical Study

YAO Yazhi
Beijing Jiaotong University

Abstract: The translation of technical literature plays a pivotal role in facilitating international collaboration, knowledge sharing, and technological innovation. This study investigates the application of large language models (LLMs) in Chinese-to-English technical document translation to improve translation quality and efficiency. Utilizing railway engineering construction standards as a case study, the GPT–4 model was employed for machine translation and human-machine collaborative post-editing, followed by multidimensional evaluations of both machine-assisted and human-

① 本文系教育部产学合作协同育人项目 2022 年第二批立项项目“产教研合作视域下的计算机辅助翻译课程案例教学研究与实践”（220905934225829）阶段性成果，合作单位：四川语言桥信息技术有限公司。

translated texts. The findings reveal the extensive potential of LLMs in technical document translation, with machine-assisted translations exhibiting significant advantages in grammar, syntax, and logical coherence, while human-translated texts demonstrate superior accuracy in translating specialized terminology. Furthermore, the study proposes methods to optimize the technical document translation process, emphasizing the importance of term glossary preparation and prompt refinement, etc. By establishing a translation quality assessment framework based on LLMs, this research offers a novel perspective for scientifically evaluating the quality of technical document translation.
Keywords: large language models (LLMs); GPT–4; technical translation; translation quality

1 引言

随着全球化的深入发展和科技交流的日益频繁，高质量的技术文献翻译在促进国际合作、知识共享和技术创新方面发挥着越来越重要的作用。然而，由于专业术语复杂、语言风格独特等因素，技术文献的汉英翻译一直面临着诸多挑战，亟需探索创新的翻译模式和方法，以提升翻译质量和效率。

近年来，以 GPT–4 为代表的大语言模型（large language models, 简称 LLMs），凭借其强大的语言理解和生成能力，在自然语言处理和机器翻译领域取得了令人瞩目的成就（Hendy et al.，2023）。为充分发挥大语言模型在技术文献翻译中的潜力，研究者需优化模型应用流程，设计有效的人机协同翻译模式，并建立科学的翻译质量评估体系。这不仅有助于提升技术文献的翻译质量和效率，也为大语言模型在其他专业领域的翻译实践提供重要借鉴。

本研究以铁路工程建设标准的汉英翻译为例，旨在探索大语言模型在技术文献翻译中的实际应用，并回答以下关键问题。

（1）如何有效利用大语言模型对技术文献进行初译？

（2）如何通过人机协作的译后编辑，进一步提升大语言模型生成译文的质量？

（3）如何构建基于大语言模型的译文质量评估方法并评判人机协同翻译和人工译文的效果？

为解决以上问题，本研究选取《城市轨道交通公共安全防范系统工程技术规范》（下称《标准》）为案例，运用 GPT–4 进行汉英翻译和人机协作译后编辑，探索优化翻译流程和策略。同时，构建基于 GPT–4 的译文质量评估指标体系，系统评价人机译文和人工译文质量，为大语言模型在技术文献翻译应用中提供实证参考。

2 文献回顾

大语言模型在自然语言处理领域取得突破，为机器翻译开辟新方向。学者探索其在翻译任务中的应用，取得显著成果。

2.1 大语言模型的翻译效能研究

近年来，大语言模型在机器翻译领域表现突出。亨迪等（Hendy et al.，2023）指出，GPT 的高资源语言对翻译质量已接近或超越传统神经机器翻译模型。劳纳克等（Raunak et al.，2023）证实了 GPT–4 在英汉等语言对的翻译和译后编辑任务中的卓越能力。耿芳和胡健（2023）发现，ChatGPT 能在英汉翻译的译后编辑环节显著提升翻译质量和效率。

然而，现有研究主要聚焦通用领域翻译，对大语言模型在技术文献等专业领域翻译中的应用和表现仍缺乏系统实证研究。此外，大多数研究采用单一评估方法，难以全面、客观评判大语言模型的翻译效能。因此，亟需开展跨领域、多维度的实证研究，深入探究大语言模型在技术文献翻译中的优势与局限。

2.2 大语言模型的优化方法研究

为充分发挥大语言模型在翻译任务中的潜力，高源等（Gao et al.，2023）提出了一种新的提示工程方法，通过设计更加精细和针对性的提示，有效改善了 ChatGPT 在不同语言对和领域的翻译表现。焦文祥等（Jiao et al.，2023）引入迭代式反馈机制，利用 ChatGPT 自身的纠错和优化能力，显著提升了译文的流畅度和准确性。陆清屿等（Lu et al.，2023）采用“错误分析提示”，使大语言模型可以生成接近人类做出的机器翻译质量评估结果。在人机协同翻译方面，陈品桢等（Chen et al.，2023）提出了一种迭代式的翻译优化方法，通过人工译员与大语言模型的多轮交互，不断完善和优化译文质量。

尽管上述研究为优化大语言模型的翻译性能提供了宝贵经验，但主要集中在通用领域。现有优化方法难以完全满足技术文献翻译中的领域适应、术语标准化等特定需求。

2.3 大语言模型的评估体系研究

建立科学、全面的评估体系是把握大语言模型翻译效能的关键。传统的机器翻译质量评估方法主要依赖参考译文，难以充分考虑语言的多样性和灵活性。针对这一问题，研究者开始探索基于大语言模型的无监督评估方法。科茨米和费德曼（Kocmi & Federmann，2023）率先提出使用大语言模型进行机器翻译质量评估的思路，并证实其可以生成与人类判断高度一致的结果。

然而，现有的大语言模型评估方法主要关注翻译质量的整体评分，缺乏对译文错误的细粒度诊断和反馈。为更好地指导翻译实践，评估体系还需纳入多维度的质量指标。此外，现有研究主要在通用领域的翻译任务中测试评估方法，其在技术文献翻译中的适用性和可靠性有待进一步验证。

3 基于大语言模型的《标准》人机译文生成

本研究的数据包括两部分：一是 GPT-4 翻译并经人机协作译后编辑的译文，过程包括制作术语表、设计提示信息（prompts）、GPT-4 初译和人机协作译后编辑；二是相关领域专家集体评审完成的人工译文。

3.1 利用 GPT-4 模型，制作中英对照术语表

制作中英对照术语表是使用 GPT-4 翻译《标准》的关键，可确保专业词汇准确一致，提升翻译效率和质量，促进人机协作，实现高质高效的翻译目标。本研究使用 GPT-4 初步完成术语表制作；为此，构建了综合性提示信息，引导模型提取和翻译术语，并列出结果，如表 1 所示。

表 1　用 GPT-4 模型生成中英对照术语表时所用的提示信息及生成结果示例

提示信息： 请从以下关于城市轨道交通公共安全防范系统工程技术规范的文本中提取专业术语，并将这些术语翻译成英文，最后以中英对照的列表形式展示。以下是文本内容： 2.0.6　人脸识别技术 face recognition technology 通过分析比较人脸视觉特征信息进行身份鉴别的计算机技术。 2.0.7　智能视频分析 intelligent video analysis 通过提取视频图像数据中的各种特征信息，自动分析并理解视频画面中的内容及相互关系，从而达到获取视频图像关键信息目的的视频结构化描述。

续表

GPT–4 生成的结果：
以下是中英对照的专业术语列表：

中文术语	英文译文
人脸识别技术	face recognition technology
视觉特征信息	visual feature information
智能视频分析	intelligent video analysis
视频图像数据	video image data
视频画面	video frame
视频结构化描述	structured description of video

为应对 GPT–4 的符号限制，本研究拆分《标准》的章节进行术语表制作，确保有效处理并生成准确术语表。由于 GPT–4 输出并非搜索引擎般精确，需多次迭代和调整生成术语表。人工审阅与领域专家校对仍至关重要，以保证术语表的准确性和专业性。经此步骤，本研究整理出 201 条经专家校对的中英对照术语。

3.2　设计适用于《标准》汉英翻译的提示信息

提示信息是引导 GPT–4 生成特定文本的输入信息，设计的目的是让 GPT–4 输出符合《标准》的翻译需求。设计《标准》翻译提示信息的步骤如下。

首先，确认汉英翻译的目标、读者和使用场合。《标准》英译主要是为了实现标准的国际化，目标读者是国际工程承包商、研究者和政府机构，主要用于国际项目投标、技术交流和学术研究。

其次，明确《标准》汉英翻译的主导原则。翻译必须忠实原文，语法、句法正确，内容完整，行文流畅，符合英语语言及技术标准的习惯（国家铁路局，2018）。

最后，基于目标读者、目的和场合，引导 GPT–4 选择适合《标准》汉英翻译的文本类型和风格。例如，要求 GPT–4 参照国际标准化组织（ISO）铁路技术工程标准文本的风格进行翻译。

以下是适用于《标准》汉英翻译的一段提示信息及 GPT–4 模型生成

的结果示例，如表2所示。

表2　用GPT–4模型进行初步翻译时所用的提示信息及生成结果示例

提示信息： 请根据以下条件为《城市轨道交通公共安全防范系统工程技术规范》（以下简称《标准》）提供汉英翻译。翻译主要是为了实现标准的国际化，目标读者是国际工程承包商、研究者和政府机构，主要应用于国际项目投标、技术交流和学术研究。应用场合为国际项目投标、技术交流会议或研讨会、学术研究以及政策制定或评估。翻译必须忠实原文，语法、句法正确，内容完整，行文流畅，符合英语语言及技术标准的习惯。同时，请参照国际标准化组织（ISO）铁路技术工程标准文本的风格进行翻译。以下是待翻译的《标准》文本内容： 2.0.6　人脸识别技术 face recognition technology 通过分析比较人脸视觉特征信息进行身份鉴别的计算机技术。 2.0.7　智能视频分析 intelligent video analysis 通过提取视频图像数据中的各种特征信息，自动分析并理解视频画面中的内容及相互关系，从而达到获取视频图像关键信息目的的视频结构化描述。
GPT–4 生成的结果： 2.0.6　Face Recognition Technology Computer technology that identifies individuals by analyzing and comparing visual feature information of their faces. 2.0.7　Intelligent Video Analysis A video structured description that automatically analyzes and understands the content and relationships of various feature information extracted from video image data, in order to obtain key information from the video image data.

3.3　利用GPT–4模型进行《标准》汉英初译

在运用GPT–4进行《标准》汉英初译时，本研究采用多策略以确保翻译质量。（1）预处理：将《标准》各章分别翻译，如超过符号限制，则分割章节，但亦需保留完整语意。（2）术语库应用：透过提示信息，嵌入已准备好的中英术语库确保GPT–4翻译的准确性和一致性。（3）模型调试：针对《标准》的严谨和技术性，设定较低的“温度”值（0.3至0.5之间）以控制模型创新与随机性，确保精确性和一致性。（4）初译：准备就绪后，通过GPT–4进行初译，提供提示信息及环境信息来指导模型翻译，产出初步结果。表3为使用GPT–4模型进行《标准》初译时所采用的提示信息和生成的结果示例。

表 3　使用 GPT–4 模型进行《标准》初译时所用的提示信息及生成结果示例

提示信息：

请根据以下条件为《城市轨道交通公共安全防范系统工程技术规范》（以下简称《标准》）提供汉英翻译。翻译主要是为了实现标准的国际化，目标读者是国际工程承包商、研究者和政府机构，主要应用于国际项目投标、技术交流和学术研究。应用场合为国际项目投标、技术交流会议或研讨会、学术研究以及政策制定或评估。翻译必须忠实原文，语法、句法正确，内容完整，行文流畅，符合英语语言及技术标准的习惯。同时，请参照国际标准化组织（ISO）铁路技术工程标准文本的风格进行翻译。请使用我提供的中英对照术语表进行翻译。

中英对照术语表：

中文术语	英文译文
人脸识别技术	face recognition technology
视觉特征信息	visual feature information
智能视频分析	intelligent video analysis
视频图像数据	video image data
视频画面	video frame
视频结构化描述	structured description of video

以下是待翻译的《标准》文本内容：

2.0.6　人脸识别技术 face recognition technology

通过分析比较人脸视觉特征信息进行身份鉴别的计算机技术。

2.0.7　智能视频分析 intelligent video analysis

通过提取视频图像数据中的各种特征信息，自动分析并理解视频画面中的内容及相互关系，从而达到获取视频图像关键信息目的的视频结构化描述。

GPT–4 生成的结果：

2.0.6　Face Recognition Technology

Computer technology that identifies individuals by analyzing and comparing visual feature information of their faces.

2.0.7　Intelligent Video Analysis

A structured description of video that automatically analyzes and understands the content and relationships of various feature information extracted from video image data, in order to obtain key information from the video image data.

3.4　利用 GPT–4 进行人机协作译后编辑

首先，设定 GPT–4 译文评判指标，让模型逐句核对原文和译文，定位并对译文进行深度译后编辑，即“为获得与人工翻译效果相当的译文而进行的译后编辑”（国家市场监督管理总局，2021：2），同时进行人工确认。需要迭代优化提示信息以提升译后编辑质量。最后，人工译员检验译文，并可借助 GPT–4 处理翻译难题。

3.4.1 《标准》译文质量评判指标

本研究根据国家铁路局（2018）相关规定，采用以下三个关键指标对《标准》的翻译质量进行衡量，详见表 4。

表 4 《标准》翻译质量评判指标

一级指标	二级指标
忠实度（fidelity）	（1）无错译、漏译和不必要的增译等现象：翻译应逐字、逐句进行校对，确保没有出现错译（错误翻译）、漏译（缺少翻译）、增译（过度翻译）等现象；（2）在信息传递方面：不仅要确保内容的准确性，还要保证情感、语境等其他难以定量的特性也被忠实传达。
准确度（accuracy）	（1）术语与关键词：要准确无误地翻译术语和关键词，不能有任何疏漏；（2）语法与句法：译文应符合英文的语法规则，例如，单复数、代词、连词等的使用应正确无误；（3）句序逻辑：译文应保持与原文一致的逻辑和信息结构，且每个句子在整段文本中的位置应该恰当。
贴切度（adequacy）	（1）语言地道程度：译文中的表达应相当于英语母语者的自然表达方式；（2）表达习惯：译者应体现出对英语的深入了解，包括对其中不同的表达风格、语境变化和习惯用法的理解；（3）语域与风格：译文应当适应指定的语域（即铁路工程技术标准），且保持一致的风格。

3.4.2 利用 GPT–4 开展人机协作对初译进行译后编辑

人机协作译后编辑首先让 GPT–4 利用提示信息和术语表进行初译和自动译后编辑，然后译员根据这些指标进行判断，对 GPT–4 的自动译后编辑结果进行优化，通过多次迭代并利用 GPT–4 帮助解决翻译难题，最终得到满意的《标准》译文，详见表 5。

表 5 利用 GPT–4 开展人机协作下的初译译后编辑示例

初次使用的提示信息： 原文：3.1.1 城市轨道交通公共安全防范系统工程设计应在运用公共安全资源的基础上，配合安全政策、防范程序、防范行为构建安防系统，使威慑、阻止、探测、延迟和反应相协调，提升防控能力，降低城市轨道交通区域内发生安全威胁的可能性，并在威胁发生时减少人员伤害和财产损失。

续表

译文：3.1.1　The engineering design of the public safety prevention system for urban rail transit should be based on the use of public safety resources, and should be constructed in conjunction with safety policies, prevention procedures, and prevention behaviors to coordinate deterrence, prevention, detection, delay, and response, enhance prevention and control capabilities, reduce the possibility of security threats in the urban rail transit area, and reduce personal injury and property damage in the event of a threat.

中英对照术语表：

术语	中文翻译
城市轨道交通	urban rail transit
公共安全防范系统	public security prevention system
工程设计	engineering design
安全政策	safety policies
防范程序	prevention procedures

请对照术语表和下列指标，逐句对照原文，检查译文质量：

一级指标	二级指标
忠实度（fidelity）	a. 错译、漏译和增译；b. 信息传递
准确度（accuracy）	a. 术语与关键词；b. 语法与句法；c. 句序逻辑
贴切度（adequacy）	a. 语言地道程度；b. 表达习惯；c. 语域与风格

GPT–4 初次生成的结果：

一级指标	二级指标	质量
忠实度	错译、漏译和增译	无
忠实度	信息传递	良好
准确度	术语与关键词	良好
准确度	语法与句法	良好
准确度	句序逻辑	良好
贴切度	语言地道程度	良好
贴切度	表达习惯	良好
贴切度	语域与风格	良好

第一次迭代使用的提示信息：请根据 ISO 铁路工程技术标准的文本风格，对上述译文进行润色。

续表

迭代后 GPT-4 生成的结果：
3.1.1 The engineering design of the public safety prevention system for urban rail transit should be based on the utilization of public safety resources. It should be developed in conjunction with safety policies, prevention procedures, and prevention behaviors to coordinate deterrence, prevention, detection, delay, and response. This will enhance prevention and control capabilities, reduce the possibility of security threats in the urban rail transit area, and minimize personal injury and property damage in the event of a threat.
人工译后编辑： 通过人工校对发现，GPT–4 拒绝采用领域专家认可的"public security prevention system"一词，而坚持使用"public safety prevention system"。通过使用 GPT–4 查证，"safety"保护的是意外伤害，"security"保护的是有意的威胁。《标准》所涉及的安全二者兼有，但更侧重 security，因此采用"public security prevention system"。通过多次迭代提示信息，人工译者可以逐渐改善译文的准确性和流畅性。

4 基于大语言模型的《标准》人机译文及人工译文质量评估

研究表明，大语言模型在不依赖参考译文进行翻译质量评估方面表现出色（Huang et al.，2023）。本研究运用先进的 GPT–4 模型，对《标准》的人机译文与人工译文的质量进行系统评估，旨在揭示 GPT–4 在铁路建设工程标准汉英翻译领域的优缺点。

4.1《标准》译文质量评估指标体系构建

本评价指标体系在表 4 的基础上拓展而成，具体包括三个一级指标，即忠实度、准确度和贴切度；一级指标下又设有多个二级指标，以全面评估翻译质量，详见表 6。

表 6 《标准》译文质量评估指标体系构建

一级指标	二级指标	二级指标的含义	权重	评分标准（0 到 20 分）
忠实度	（1）错译、漏译和不必要的增译	逐字、逐句校对，确保没有出现错译、漏译、增译等现象	20%	0 分：大量错误；20 分：无错误
	（2）信息传递	保证内容准确性、情感、语境等的忠实传达	20%	0 分：情感 / 语境严重偏离原文；20 分：情感 / 语境准确传达

续表

一级指标	二级指标	二级指标的含义	权重	评分标准（0 到 20 分）
准确度	（1）术语与关键词	准确无误地翻译术语和关键词，无漏翻	15%	0 分：翻译错误或漏译关键词；20 分：每个术语和关键词都准确
	（2）语法与句法	符合英文语法规则，例如，正确使用单复数、代词、连词等	10%	0 分：多处严重语法疏忽；20 分：无语法错误
	（3）句序逻辑	保持一致的逻辑和信息结构，句子在文本中的位置恰当	15%	0 分：逻辑混乱，句序错误；20 分：逻辑清晰，句序合理
贴切度	（1）语言地道程度	译文表达相当于英语母语者的自然表达方式	10%	0 分：表达机械或非母语；20 分：表达流畅，如同母语
	（2）表达习惯	体现对英语表达风格、语境变化和习惯用法的深入了解	5%	0 分：缺乏对英语习惯用法的理解；20 分：充分体现对英语习惯用法的合理应用
	（3）语域与风格	适应指定的语域（铁路工程技术标准）且保持一致风格	5%	0 分：风格偏离或不统一；20 分：风格恰当且统一

忠实度的二级指标：（1）错译、漏译和不必要的增译，这部分关注译文在逐字逐句上的准确性；（2）信息传递，注重保证内容准确性、情感和语境等的忠实传达。

准确度的二级指标：（1）术语与关键词的正确翻译，确保无漏译；（2）语法与句法，遵循英文语法规则，例如，正确使用单复数、代词和连词等；（3）句序逻辑方面，译文需保持与原文一致的逻辑和信息结构，句子在文本中的位置合适。

贴切度的二级指标：（1）语言地道程度，译文表达应与英语母语者的自然表达方式相当；（2）表达习惯，体现对英语表达风格、语境变化和习惯用法的深入了解；（3）语域与风格，译文需要适应铁路工程技术标准这一指定的语域，并保持一致的风格。

每个二级指标均带有权重，例如，忠实度各项均占 20%；准确度各项分别占 15%、10% 和 15%；贴切度各项分别占 10%、5% 和 5%。评分标准采用 0—20 分的范围，其中 0 分代表某方面存在重大错误，20 分表示完美无误。最终，通过将各二级指标分数乘以相应的权重并求和，便可以得出一个百分制的翻译质量总分。

4.2 《标准》译文质量评估方法

本研究利用 GPT–4，依照表 6 的译文质量评估指标，对人机译文和人工译文进行全面评估。评分采用百分制，粒度为 1 分。在研究过程中，评估指标与原文、译文作为提示信息输入 GPT–4，并按百分制输出评估结果。为全面评估，逐章进行评价；若超出 GPT–4 符号限制，则按语义切分后进行评估。评估方式和结果如表 7 所示。

表 7 《标准》第四章人工译文质量评估方法示例

提示信息： 请你扮演高级译审员角色，采用以下评分标准，逐字对照原文和翻译后的版本，为翻译后的版本质量进行评分。请采用百分制打分制度，满分为 100 分，打分粒度为 1；并指出译文存在的语法错误等问题与改进建议。请以表格形式输出评估结果。 评分标准：（略，详见表 6） **原文：**（略） **译文：**（略）

每章得到一个百分制评分，章节权重根据其在《标准》总字数比例确定，最终权重得分为章节得分与权重乘积。对 10 章译文进行评估，最终各章译文质量加权后的总评分为《标准》整体译文质量。此方法适用于人机译文与人工译文的评估，用公式表示如下。

设 S 为《标准》的整体译文质量评分，n 为章节数（在本例中，n=10），s_i 表示第 i 章译文质量评分（百分制），w_i 为第 i 章总字数在《标准》正文总字数中的占比，则有：

$$\mathrm{S}=\sum_{i=1}^{n}(s_i \cdot w_i) \tag{2-1}$$

$$w_i=\frac{\text{第 } i \text{ 章字数}}{\text{《标准》正文总字数}} \tag{2-2}$$

通过求解公式（2-1），可以计算出《标准》整体译文质量评分 S。

采用 4.2 提供的评估方法，通过计算得出《标准》的人机译文质量评分 S_1=94.1351 分，人工译文质量评分 S_2=90.9143 分，如表 8 所示。

表 8　《标准》的人机译文和人工译文质量评估结果

章节	章节占总字数的比例	人机译文评估结果	加权后的人机译文评估结果	人工译文评估结果	加权后的人工译文评估结果
总则	4.97%	95	4.7215	92	4.5724
术语	2.79%	95	2.6505	90	2.511
基本规定	5.53%	93	5.1429	91	5.0323
技术防范系统设计	27.61%	95	26.2295	91	25.1251
实体防范系统设计	9.86%	93	9.1698	93	9.1698
防护对象的安全防范系统工程设计	14.53%	94	13.6582	93	13.5129
其他设计要求	6.49%	94	6.1006	88	5.7112
工程施工和系统调试	13.24%	93	12.3132	88	11.6512
工程检验与验收	10.41%	95	9.8895	90	9.369
使用管理评估	4.58%	93	4.2594	93	4.2594
总计	—	—	94.1351	—	90.9143

4.3 《标准》译文质量评估结果分析

从表 8 的评分看，《标准》的人机译文质量和人工译文质量都比较高，前者在评分上（S_1=94.1351 分）略高于后者（S_2=90.9143 分）。下面对这两种译文的具体评估结果进行详细阐述。

4.3.1　忠实度

忠实度方面，人机译文和人工译文均得 38 分，准确传递源语信息，无错译、漏译或增译，但人机译文稍有优势。例如：

1.0.5 城市轨道交通公共安全防范系统工程应具有安全性、开放性、可扩充性和使用灵活性。做到技术先进、实用可靠、经济合理、资源共享；技术防范系统信息应能互联互通。

人机译文：1.0.5 The Urban Rail Transit Public Security Protection System should be characterized by safety, open access, scalability, and flexible utility. The system should employ advanced, practical, reliable, and economically viable technology, promoting resource sharing. Information within the technical protection system should be interconnected for optimal functionality.

人工译文：1.0.5 The public security protection system engineering of urban rail transit shall be safe, open, scalable and flexible in its usage, and designed with the advanced technology for reliability and economic rationality; communication capabilities of the technical protection system shall be inter-operable.

人工译文未能译出“资源共享”这一信息，而人机译文较好地传递了源语文本中这一信息的含义。

4.3.2 准确度

准确度方面，人机译文语法和句法表现非常好，得 37 分，句子逻辑清晰；由于在译前的提示信息中提供了经过该领域专家翻译并讨论确定的中英对照术语表，人机译文在术语和关键词翻译上也较准确。人工译文在术语翻译上超过人机译文，但在语法和句法上稍逊色，总得分为 36 分。

在细节问题的翻译上，特别是中国特色词汇的翻译方面，人工译文翻译得更加准确得体，人机译文的准确度则还需要进一步改进。例如，“9.2 设计整改落实意见应由施工单位与建设单位共同签署”中的“施工单位”和“建设单位”是中国特色式表达，GPT-4 将这句话译为“the opinion about the implementation of the design and rectification must be signed by the construction unit and the construction unit”，其中“施工单位”和“建设单位”的译文都是“construction unit”，前者应对应“contractor”，后者应对应“employer”或“owner”。“employer”或“owner”通常指项目的业主或投资方，是提出项目建设需求的一方，相当于国内项目中的“建设单位”。“contractor”通常指接受“employer”委托，对项目进行设计施工的专业公司。

在处理中英对照术语表未列出的术语时，GPT–4 同样存在改进的空间。例如，“5.7.2 车站火灾逃生通道设计宜采用防潜入设计”中的“防潜入”一词被 GPT–4 翻译为“anti-sneak”，正确的译文应该是“infiltration-proof”。另外，关于“安全”一词，GPT–4 常常笼统地处理为“security”。与这个词语组合而成的许多短语在《标准》中属于重要概念，翻译务必准确。这个词对应“safety”和“security”，前者侧重个人对于安全的感受、人身是否远离危险，后者则偏向通过手段、方法确保组织或系统客观的、整体的安全，翻译时需要针对两个概念进行具体区分，如：安全岛 – safety island，安全岗亭 – security guard，安全措施 – security measure 等。

4.3.3　贴切度

在贴切度上，人机译文明显优于人工译文，得分为 19 分，语言自然，适当再现原文风格。而人工译文得分 16 分，部分表达生硬，译者今后需要对英语表达习惯有更深的理解和掌握，从而使译文更地道、贴切。例如：

> 8.1.1 应完成施工现场检查和管线预埋配合，并应完成安装材料检验和设备开箱检验。选用的设备、设施应符合设计要求。
>
> 人机译文：8.1.1　Inspections of the construction site and coordination of the pre-buried pipelines shall be completed, as well as inspections of installation materials and the unpacking of the equipment. The equipment and facilities to be used must comply with design requirements.
>
> 人工译文：8.1.1　The construction site inspection and coordination of pre-buried pipelines shall be completed, and the inspection of installation materials and the unpacking inspection of equipment shall be completed. The selected equipment and facilities shall comply with the design requirements.

人工译文中“the selected equipment and facilities”是指“已经选好的设备、设施”；而原文所说的“选用的设备、设施”是指“将要用的设备、设施”。人机协作的译文更准确地表达出了原文的意义和逻辑，表达更简洁、地道，更符合英文表达习惯。人工译文比较严谨正式，语言表达略显机械生硬。

5 结论

本研究以铁路工程建设标准为例，探索大语言模型在汉英技术文献翻译中的应用，重点关注翻译流程优化和质量评估。研究发现，以 GPT–4 为代表的大语言模型能够生成流畅、准确的译文，提升技术文献翻译质量和效率。但要充分发挥大语言模型潜力，优化翻译流程至关重要。通过在术语表制作、提示优化、初译生成和人机协同译后编辑等环节进行精心设计和调整，可显著提升大语言模型在技术文献翻译中的表现。

此外，研究证明人机协同是提高技术文献翻译质量的有效途径。将大语言模型与人工翻译有机结合，发挥二者互补优势，可在保证译文忠实、准确的基础上，进一步提升译文流畅性和贴切性。同时，构建科学的质量评估体系是保障翻译质量的重要举措。针对技术文献特点，从忠实度、准确度、贴切度等维度设计评估指标，采用定性与定量相结合的评估方法，可较全面、客观地评判人机译文和人工译文质量。

尽管大语言模型在技术文献翻译中表现出色，但在处理专业术语、中国特色词汇等方面仍面临挑战，需结合人工翻译的专业知识和经验进行优化和改进。未来研究可从以下角度拓展和深化：扩大研究语料规模和领域范围；探索更高效、精准的术语表制作和提示优化方法；开发智能化人机协同翻译平台；结合领域专家知识，优化针对专业术语、中国特色词汇等的翻译策略。

参考文献

CHEN P Z, Guo Z C, Haddow B, Heafield K, 2023. Iterative translation refinement with large language models [OL]. https://arxiv.org/pdf/2306.03856.pdf.

GAO Y, Wang R L, Hou F, 2023. How to design translation prompts for ChatGPT:

an empirical study [OL]. https://arxiv.org/pdf/2304.02182.pdf.

HENDY A, Abdelrehim M, Sharaf A, Raunak V, Gabr M, Matsushita H, Kim Y J, Afify M, Awadalla H H, 2023. How good are GPT models at machine translation? A comprehensive evaluation [OL]. https://arxiv.org/pdf/2302.09210.pdf.

HUANG H, Wu S Z, Liang X N, Wang B, Shi Y R, Wu P H, Yang M Y, Zhao T J, 2023. Towards making the most of LLM for translation quality estimation[C]// In LIUF, DUAN N, XU Q, HONG Y, (Eds.), Natural language processing and Chinese computing. Cham: Springer Nature Switzerland: 375-386.

JIAO W X, Wang W X, Huang J, Wang X, Shi S M, Tu Z P, 2023. Is ChatGPT a good translator? Yes with GPT–4 as the engine [OL]. https://arxiv.org/pdf/2301.08745.pdf.

KOCMI T, Federmann C, 2023. Large language models are state-of-the-art evaluators of translation quality [OL]. https://arxiv.org/pdf/2302.14520.pdf.

LU Q Y, Qiu B P, Ding L, Zhang K J, Kocmi T, Tao D C, 2023. Error analysis prompting enables human-like translation evaluation in large language models [OL]. https://arxiv.org/pdf/2303.13809.pdf.

RAUNAK V, Sharaf A, Wang Y R, Awadalla H H, MENEZES A, 2023. Leveraging GPT–4 for automatic translation post-editing [OL]. https://arxiv.org/pdf/2305.14878.pdf.

耿芳，胡健，2023. 人工智能辅助译后编辑新方向——基于 ChatGPT 的翻译实例研究 [J]. 中国外语，(3)：41-47.

国家市场监督管理总局，2021. 翻译服务 机器翻译结果的译后编辑 要求（GB/T 40036-2021）[M]. 北京：中国标准出版社.

国家铁路局，2018. 铁路工程建设标准英文版翻译词典 [Z]. 北京：中国铁道出版社.

（责任编辑 孙三军）

作者简介： 姚亚芝，博士，北京交通大学语言与传播学院英语系副教授，研究方向为应用语言学研究和翻译研究。

作者电子邮箱： yzhyao@bjtu.edu.cn

生成式 AI 时代机器翻译译后编辑中的政治意识培养 ①

高玉霞
中国海洋大学

摘　要： 在生成式人工智能兴起的当下，ChatGPT、DeepL 等机器翻译工具正在重塑语言服务行业的格局。这些工具不仅带来效率的飞跃，也引发了人们对翻译技术应用和伦理问题的广泛关注。机器翻译结果可能含有不易察觉的政治偏向，这为使用者带来了不容忽视的政治风险。翻译从业者以及翻译教育领域的学生对于机器翻译的政治倾向存在认知偏差。本研究旨在探讨如何在机器翻译译后编辑中培养政治意识，以识别和规避这些风险。文章建议通过增强翻译技术教育、提升风险意识、构建具有政治敏锐性的师资队伍等方式，来强化翻译人员的政治意识。

关键词： 生成式 AI；ChatGPT；机器翻译；译后编辑；政治意识

Enhancing Political Discernment in the Age of Generative AI: Implications for Machine Translation Post-Editing

GAO Yuxia

Ocean University of China

Abstract: In the burgeoning era of generative artificial intelligence, machine translation tools such as ChatGPT and DeepL are reshaping the language industry. These innovations offer leaps in efficiency and have simultaneously ignited widespread concern over the application of translation technology and its ethical implications. Machine translation outputs may harbor subtle political biases, posing significant political risks that cannot be overlooked. This risk is particularly pertinent to translation practitioners and students in the field of translation education, who may harbor cognitive biases

① 本文系“中央高校基本科研业务费专项”（202413011）和广东省人文社会科学重点研究基地广东外语外贸大学翻译学研究中心招标课题“面向大语言模型应用的国家翻译实践能力建设路径研究”（CTS202313）阶段性成果。

regarding the political leanings of machine translation. This study seeks to explore the cultivation of political awareness in post-editing machine translation to identify and mitigate these risks. The paper proposes enhancing translation technology education and raising awareness of potential risks, as well as building a politically sensitive faculty, as means to strengthen the political acumen of translation professionals.
Keywords: generative AI; ChatGPT; machine translation; post-editing; political awareness

1 引言

近年来，随着人工智能和大数据技术的飞速发展，神经机器翻译技术取得了长足进步，对语言服务行业产生了深远影响。2022年11月，美国OpenAI公司推出的ChatGPT生成式人工智能聊天机器人程序更是引发了全球范围内的广泛关注和热烈讨论。创新技术一方面带来了翻译效率的飞跃，另一方面也激发了人们对于翻译技术应用及其伦理问题的全新思考。

生成式人工智能系统并非完全中立，其训练数据和算法存在一定的偏向性，这可能会导致系统输出内容含有隐性的政治倾向（Moorkens, 2022）。尤其值得警惕的是，机器翻译结果中潜藏的政治观点和立场，有可能对译文的准确性和公正性造成负面影响，进而影响受众对原作者观点的理解，引发不必要的争议，甚至政治风险。张华平等（2023：22）通过对ChatGPT的测试发现，“GPT系列模型的训练语料大多来自西方的语言价值体系，这导致ChatGPT在价值观层面偏向于西方，生成的内容不一定符合中国的价值观……ChatGPT生成内容中存在对于中国的大量偏见言论”。这一问题不容忽视，对于从事翻译实践的专业人士和高校翻译专业师生而言，如何有效识别和规避机器翻译中的政治倾向，是一个亟须研究和解决的现实课题。

鉴于此，本文将从政治风险的角度，剖析机器译文中可能存在的政治偏差，并基于对翻译从业者和高校学生的调查，分析他们在这一方面的认知现状，进而探讨在译后编辑中如何加强政治意识培养，以提升译者对机器翻译潜在政治倾向的敏感度，增强译后编辑质量，避免引发不必要的政治争议。

2 机器译文存在潜在政治风险

政治话语的翻译对于国家形象塑造和意识形态传播至关重要。《中国政治话语对外翻译工作手册（试行版）》明确指出："忠实于原文核心思想内涵"是政治话语翻译的基本原则，译文必须做到"准确、权威、规范"（中国外文局等，2019：2）。然而，机器翻译系统存在偏向性，产出的译文可能含有政治倾向，引发意识形态冲突。本节将通过案例分析，剖析机器译文在港澳台问题、党的形象塑造、价值观传播等方面存在的政治风险。

2.1 香港问题的不同译法

"港人治港"是邓小平同志在 20 世纪 80 年代初按照"一国两制"构想提出的方针。邓小平（1993：60–61）指出："我们相信香港人能治理好香港，不能继续让外国人统治，否则香港人也是决不会答应的。"通过机翻实验，我们发现 ChatGPT、DeepL 和百度翻译将"治"分别译为"administer""rule"和"govern"。为进一步验证机器译文对香港问题的不同理解，我们进一步用不同机器系统翻译了"中华人民共和国政府决定于一九九七年七月一日对香港恢复行使主权"。根据 1984 年《中英关于香港问题的联合声明》，中华人民共和国政府决定于一九九七年七月一日对香港恢复行使主权。我国从未放弃过对香港的主权，只是英国通过《南京条约》这一不平等条约强制霸占香港，使得我们无法行使香港主权。因此，"行使"两字翻译与否是理解香港回归前香港主权归属问题的关键，在英译中是绝对不可以省去的。机翻显示，DeepL 和百度翻译将"行使"翻译出来了，将"对香港恢复行使主权"译为"resume the exercise of sovereignty over Hong Kong"；而 ChatGPT 却漏译了"行使"，将"对香港恢复行使主权"译为"resume sovereignty over Hong Kong"（香港主权回归），暗示香港回归前其主权并不属于中国。

2.2 台湾问题上的"精准"踩雷

各机器译文在台湾问题的翻译上"精准"踩雷。首先，均将"台湾问题"错译为"the Taiwan issue"。对于"台湾问题"的英译早在 2002 年十六大报告中便统一为"the question of Taiwan"或"the Taiwan question"，绝对不可译为“the issue of Taiwan”或“the Taiwan issue”。因为“question”通常指对某事件有疑问，从而提出问题以寻求解答，而“issue”通常指相关问题伴随着争议（controversy）。台湾问题属于中国内政，不属于有争议的国际问题，解决台湾问题、实现祖国的完全统一是不容讨论的，不容任何国家和外来势力的干涉（徐梅江，2003），因此不能使用“issue”。但我们用三个机器系统翻译《二十大报告》中的“我们提出新时代解决**台湾问题**的总体**方略**……牢牢把握两岸关系**主导权和主动权**”，三个机器译文均使用“issue”翻译“问题”。其次，三个机器译文均将“方略”译为“strategy”，容易引发外国读者产生中国通过“武力”解决台湾问题的误读，因为“strategy”的释义之一是“the skill of planning the movements of armies in a battle or war”。更合适的词可能是“approach”或“policy”。此外，三个机器翻译采用“dominant”和“power”等词来翻译“主导权和主动权”，容易引发中国坚持通过强硬方式解决台湾问题的误解。更中性的表述可能是“control”和“initiative”。

2.3 “一个中国原则”的体现

《中国政治话语对外翻译英语体例规范》中“附录2与台湾地区相关的表述及译法”规定：“台湾是中国不可分割的一部分，在我国现行行政区域序列中为一省，在新闻报道中表述时通常称其为台湾地区（the Taiwan region）”，要求“在翻译中必须注意避免‘一中一台’的误读”（中国外文局等，2019：40）。我们以《中国坚持通过谈判解决中国与菲律宾在南海的有关争议》白皮书中的“自20世纪50年代以来，中国台湾当局一直驻守在南沙群岛太平岛”为例进行机翻实验，发现ChatGPT、DeepL和百度翻译将“中国台湾当局”分别译为“the Taiwan authorities”“the Chinese Taiwan authorities”和“the Taiwan, China authorities of China”。ChatGPT漏译“中国”二字，否认了台湾是中国不可分割的一部分，容易引起“一中一台”的误读。我们将《中国坚持通过谈判解决中国与菲律宾在南海的有关争议》白皮书中所有含有“中国台湾当局”的句子输入ChatGPT，其输出译文大多漏译“中国”二字。DeepL使用“Chinese”也难以完全表达台湾与中国的所属关系。百度翻译将台湾译为“the Taiwan, China”，导致

“中国台湾当局”译文“the Taiwan, China authorities of China”不符合英文语法，却将台湾与中国的所属关系表达得非常明确，也说明中国的机器翻译在“一个中国原则”上的坚定立场。这说明三个国家的机器翻译译文对“一个中国原则”有着不同的政治立场。

2.4 歪曲中国共产党形象的风险

机器译文不仅在港台问题的翻译上存在问题，有些用词还有歪曲党的形象的风险。我们以《十九大报告》中的“把……基层党组织建设成为**宣传**党的主张、贯彻党的决定、领导**基层**治理、团结动员**群众**、推动改革发展的坚强**战斗堡垒**”为例进行机翻实验，发现ChatGPT、DeepL和百度翻译在翻译“宣传”“基层”“群众”等词时均选取含有贬义色彩的“propagate”（含有炒作或者忽悠之义），“grassroots”（草根阶层，说基层是草根阶层有时带有居高临下的语气），“the masses”（the ordinary people in society who are not leaders or who are considered to be not very well educated，强调未受过良好教育的底层大众，含贬义）等。在某些语境下，容易引发中国共产党高高在上，难以亲近之误读，不利于正义亲民政党形象的塑造。在翻译过程中，我们应该结合上下文，判断“grassroots”和“the masses”等词是否恰当，必要时可以选择其他更合适的表达，如“community-level”“the people”等，以更好地体现党全心全意为人民服务的宗旨。

另外，三个机翻系统分别将隐喻“战斗堡垒”直译为“fortresses”“fighting bastions”“battlegrounds”等带有浓重战争色彩的词汇，容易让读者产生误解，认为党把基层组织当作统治和斗争的工具，而非为人民服务的阵地。对此，更好的翻译选择可以是“pillars”“bulwarks”“mainstays”等能够突出基层组织作为党的坚实支柱这一积极意义的词汇。

2.5 中西方价值观冲突

在涉及价值观问题时，机器译文也容易引发冲突。我们以《十九大报告》中的“坚决防止和反对**个人主义**、分散主义、**自由主义**……”为例进行机翻实验，发现ChatGPT、DeepL和百度翻译在翻译“反对个人主义”和“反对自由主义”时均采用“individualism”和“liberalism”。前者是西方价值观念中最核心的理念，后者是西方文化的基础。原文中的个人主义和自由主义并非西方所言的“individualism”和“liberalism”，而是指“个人中心主义”和“不听领导指挥、不守纪律”的行为。直接对译为“individualism”和“liberalism”会引发中西方价值观冲突，不利于中国形象塑造；或许可以使用“self-centeredness”和“lack of discipline”等更贴近原意的表述。

3　翻译从业者和学生对机器翻译存在认知错位

为深入探究翻译从业者和高校师生对机器翻译非中立性及其译文潜在政治倾向的认知现状，本研究采用问卷调查法，针对口笔译员、翻译相关专业高校教师和在校生三类主体进行调研。调查采用线上问卷形式，通过学校邮件、行业协会等渠道发放，最终收回有效问卷157份。受访者中翻译专业在校生占比88.54%，高校教师占比7.64%，口笔译员占比3.82%。调查主要探讨受访者对机器翻译工具的使用情况、中立性认知和对译文政治倾向的判断。调查结果显示，相关人员对机器翻译的非中立性和译文的潜在政治倾向存在严重的认知错位。本节陈述认知错位的表征，并分析导致错位的具体原因。

3.1　机器翻译政治倾向认知错位的表征

翻译从业者和高校学生对机器翻译的认知错位主要表现为两个方面：一是对机器翻译系统的非中立性缺乏足够认识；二是对机器译文的潜在政治倾向存在严重的认知偏差。

3.1.1　对机器翻译非中立性认知不足

调查显示，55.41%认为机器翻译是中立的，18.47%认为机器翻译不中立，剩余26.12%对机器翻译的中立性持不确定态度（见图1）。进一步对三类受访者进行分类统计分析发现，全部受访口笔译员均采用机器翻译处理翻译任务，83.33%认为机器翻译是中立的。在参与调查的翻译相关专业高校在校生中，90.65%曾使用机器翻译处理翻译任务。对于机器翻译是否是中立的，57.55% 的受访学生认为机器翻译是中立的，24.46% 持不确定态度，仅有 17.99% 认为机器翻译是不中立的。参与调查的翻译相关专业教师中有 83.33% 采用机器翻译处理翻译任务。对于机器翻译的中立性，58.33% 的教师受访者持不确定态度，25% 认为机器翻译不中立，16.67% 认为机器翻译是中立的。这些数据说明翻译相关从业者和高校在校生已普遍使用机器翻译，但相关受访者对于机器翻译存在严重的认知缺失，对机器翻译的非中立性存在认知错位。

3.您觉得机器翻译是中立的吗？ [单选题]

选项	小计	比例
中立	87	55.41%
不中立	29	18.47%
不确定	41	26.12%
本题有效填写人次	**157**	

图 1　机器翻译中立性调查结果

3.1.2　对机器译文倾向认知严重偏差

对于机器翻译产出的译文是否具有政治倾向这一问题，33.12% 受访者认为机器译文不具有政治倾向，38.85% 受访者不确定，认为机器译文会存在政治倾向者仅占 28.03%（见图 2）。调查进一步对三类受访者进行分类统计分析发现，受访口笔译员中 1/3 认为机器翻译产出的译文有政治倾向，1/3 认为不会，剩余 1/3 持不确定态度。28.06% 的学生认为机器译文会有政治倾向，35.25% 的学生认为机器译文不会有政治倾向，36.69% 的学生持不确定态度。对于机器译文的政治倾向，25% 受访教师认为机器译文会有政治倾向，66.67% 持不确定态度，8.33% 认为机器译文不会有政治倾向。这些数据说明翻译相关教师对于机器翻译的认知比口笔译员和翻译相关专业高校学生的认知略高一点，翻译相关专业学生的认知错位程度最高。但总体来看，翻译相关从业者和高校学生对机器译文的潜在政治倾向存在严重的认知偏差。

4.您觉得机器翻译产出的译文会有政治倾向吗？ [单选题]

选项	小计	比例
会	44	28.03%
不会	52	33.12%
不确定	61	38.85%
本题有效填写人次	**157**	

图 2　机器翻译产出译文政治倾向调查结果

3.2　机器翻译政治倾向认知错位的原因

翻译从业者和高校学生对机器翻译的政治倾向存在认知偏差，这一问题的根源是多方面的。综合既有研究和调查数据，我们可以归纳出以下三个主要原因：一是翻译技术教育中对机器翻译非中立性风险的论证和警示不足，二是从事翻译技术教学的师资对此议题的把握有限，三是翻译行业和语言服务公司对译者的政治意识培养重视程度不够。这些因素共同导致了翻译利益相关方对机器翻译潜在政治风险的忽视。

3.2.1　翻译技术教育对机器翻译非中立性风险重视不足

在日益强调技术赋能的时代背景下，高校翻译专业翻译技术课程的开设比例持续提升。然而，教学内容的设置却难以满足培养学生对机器翻译非中立性风险的认知需求。王华树等（2018：79–80）通过调研发现，我国翻译硕士教育中普遍存在“对翻译技术教学重视不足”“课程体系缺失”“教学资源匮乏”等问题。这导致学生难以系统地学习和思考机器翻译中的偏差问题，从而认知上易于产生偏差。

同时，尽管不少高校积极推行翻译专业课程思政建设，但在选择思政元素融入的课程类型时，很少考虑翻译技术课程的独特需求。例如，四川外国语大学在 14 门思政示范课中，涵盖了口译、笔译、应用翻译等多种类型，但并未涉及任何一门技术课程（祝朝伟，2021）。缺乏政治教育因素的翻译技术教学，不利于提升学生对人工智能算法的意识形态属性的敏感性认知。

此外，高校对翻译技术领域的非中立性风险预警尚显不足。目前多数院校的技术类课程很少涉及政治意识培养，未能及时提示学生机器翻译系统可能带来的政治倾向问题。种种不足之处限制了学生对翻译技术潜在风险的把握能力。

3.2.2 翻译技术师资对政治意识培养的重视程度有待加强

师资专业结构的不均衡，是制约高校翻译技术教育质量的重要因素。早在2012年，研究者就指出，“合格的翻译技术师资匮乏”已成为制约翻译技术教学的瓶颈（王华树，2012：61）。高校师资普遍缺乏企业一线的实践历练，对技术运用的理解不够深入，难以引导学生思考技术伦理问题。而业界的技术专家虽然实战经验丰富，但往往缺乏教学理论基础和相应的学历背景。

时至今日，这一问题并未得到根本改善。王华树和李莹（2021）的调研显示，截至2020年7月，虽有71.92%的本科院校开设翻译技术必修或选修课，但师资力量明显不足：近六成高校仅有1至2名专任教师；54.70%的教师教龄在4年以下；85.97%的教师缺乏3年以上的实践经历。翻译硕士院校的技术师资现状与此类似。可见，能够系统开展翻译技术教学并重视政治意识培养的高校师资还很稀缺。

我们的问卷调查也从侧面佐证了这一现象。数据显示，高校教师对机器翻译中立性的认知并未明显优于学生，这一发现值得警惕。作为知识和技能的传播者，教师若对技术潜在的政治风险认识不足，将直接影响到对学生政治意识的培养。教师有必要加强自身在该领域的学习和研究，提升把握技术伦理问题的能力。

3.2.3 翻译行业和语言服务公司对译员的政治意识培养重视不足

《2023中国翻译及语言服务行业发展报告》指出，九成以上企业愿意加大在机器翻译领域的投入，并认为技术应用有助于提升翻译质量和效率、降低成本（中国翻译协会，2023）。然而，这种积极态度尚未充分转化为对译员政治意识培养的关注。除政府主导的翻译机构外，多数语言服务公司较少为员工提供系统的政治思想教育。

这一现象值得业界反思。在人工智能时代，政治意识已成为译员必备的职业素养。翻译行业协会和重点企业应充分认识到其在培养译员政治敏锐性方面的责任，积极开展相关主题的职业培训，引导从业者准确把握机器翻译的意识形态风险，增强译员的政治责任感。同时，行业标准和从业资格要求中也应体现对译员政治意识的考核，推动整个行业对翻译活动中的政治议题保持高度警惕。

综上所述，翻译技术教育、师资结构、行业培训等方面的不足共同导致了译员和学生对机器翻译政治倾向的认知错位。这一问题的解决需要教育界和产业界的通力合作。院校应加强教学内容和课程设置中的政治元素，夯实师资政治意识培养能力，强化学生对技术风险的敏感性；企业也应将政治教育作为员工培养的重要内容，推动行业规范建设。二者的协同努力，才能帮助译员真正看清机器翻译背后的意识形态图景，在人机协作中坚守政治立场，提升译文品质。

4　提升译后编辑相关人员政治意识的对策建议

机器翻译系统的潜在政治倾向是客观事实，要规避相关风险，关键在于译后编辑人员的把关能力。发现机器译文的潜在政治陷阱，需要编辑者具有高度的政治敏锐性和责任心。然而，我们的调查揭示了翻译从业者和高校师生在这方面的认知盲区。这种认知错位易导致他们在译后编辑过程中忽视机器译文的政治倾向，从而引发不必要的争议乃至严重后果。如2016年8月30日英国《卫报》报道微软"必应翻译"将"Daesh"（"达伊沙"，是一个自称建国的活跃在伊拉克和叙利亚的极端恐怖组织）翻译成"Saudi Arabia"（沙特阿拉伯），就是译后把关不严酿成的"政治错误"。可见，亟须采取有效措施提升译后编辑人员的政治意识，帮助他们在人机协同翻译中坚守正确立场。本文根据前文分析，提出以下建议。

4.1　加强翻译技术教育，融入政治意识培养内容

顺应人工智能时代翻译行业发展需求，高校应加快构建完善的翻译技术教育体系。在国家和教育主管部门的统筹规划下，优化教学内容设置，将机器翻译非中立性风险纳入教学重点，着力提升教育的前瞻性和针对性。

课程设计应充分体现政治意识培养要求。可在现有翻译技术类课程中增加政治话语分析、意识形态等方面的内容，引导学生思考机器翻译中的

偏差问题。在教学方法上，鼓励学生通过案例分析、小组讨论等方式，加深对技术伦理风险的理解。在教材和素材选择上，应涵盖政治敏感话题的翻译实例，训练学生甄别译文倾向性的能力。同时，建立严格的作业审查反馈机制，及时纠正学生对政治内容处理的偏差。

实践教学是提升政治意识的重要途径。学校可联合政府机构、主流媒体等单位，为学生提供译后编辑实习机会。在真实工作场景中处理政治敏感内容，有助于学生切身体验把关的重要性，锻炼政治敏锐性。

4.2 加强翻译技术师资队伍政治意识培养

高校师资的知识结构和政治素养，直接影响教学质量。因此，师资培养应成为提升翻译技术教育政治内涵的关键抓手。

首先，高校应将教师的政治意识作为师德考核的重要内容，激励教师加强相关领域的学习研究。学校可为教师参加政治理论培训、业务实践锻炼等提供制度保障和经费支持。其次，行业协会、翻译公司等社会力量应发挥自身优势，定期开展面向高校教师的译后编辑专题培训，帮助他们及时更新知识技能，提高政治敏锐性。此外，教师之间应加强交流合作，集体备课时重点研讨翻译技术教学中的意识形态风险防范，互相启发，共同进步。

4.3 加强行业从业者政治意识培养

译者需要具备服务于国家的政治意识，在进行译后编辑时应与党和国家保持政治上的高度一致。一方面，翻译行业、译后编辑从业机构或公司应邀请政治学、传播学等领域专家开展面向译员的政治意识教育讲座，使其了解不同政治立场和观点之间的差异和影响，帮助他们更好地理解原始文本的政治意图和作者的观点，并能够在译后编辑过程中避免加入个人立场和偏见。另一方面，翻译行业、译后编辑从业机构或公司应建立良好的译后编辑团队沟通反馈机制，译后编辑人员应该定期与同事、高级译后编辑和管理层进行交流和沟通，以确保其译后编辑决策符合公司或媒体机构的政治立场和价值观。

5 结语

生成式人工智能为翻译行业带来前所未有的机遇，但也对译者队伍的政治意识提出了更高要求。面对机器翻译系统输出的海量信息，译后编辑人员须慎之又慎，时刻保持政治敏锐性，做到不信、不用、不传播任何政治上有害的内容。

本研究通过问卷调查，实证了高校师生和行业从业者对机器翻译潜在政治风险缺乏足够认知，并据此提出完善翻译技术教育、加强师资培养、强化行业自律等优化策略，以期为译后编辑人员筑牢政治防线。这一问题事关国家意识形态安全，亟需教育界、业界及主管部门高度重视、协同发力。建议未来研究进一步拓展调查对象和范围，挖掘不同群体认知差异的深层原因，为制定精准管理政策提供参考。

人工智能的飞速发展正在重塑人类社会的方方面面，翻译行业必将因技术进步而焕发新的生机，但译者的政治立场和价值追求不能，也不应被机器取代。唯有筑牢政治意识这一基石，方能在人机协同的未来道路上行稳致远。

参考文献

MOORKENS J, 2022. Ethics and machine translation [C]//In KENNY D, (Ed.), Machine translation for everyone: empowering users in the age of artificial intelligence. Berlin: Language Science Press: 121-140.

邓小平，1993. 邓小平文选（第三卷）[M]. 北京：人民出版社.

王华树，2012. 信息化时代背景下的翻译技术教学实践 [J]. 中国翻译，(3)：57-62.

王华树，李德凤，李丽青，2018. 翻译专业硕士（MTI）翻译技术教学研究：问题与对策 [J]. 外语电化教学，(3)：76-82+94.

王华树，李莹，2021. 新时代我国翻译技术教学研究：问题与对策——基于《翻译专业本科教学指南》的思考 [J]. 外语界，(3)：13-21.

徐梅江，2003. 翻译创新与标准译法——十六大文件翻译札记 [J]. 上海科技翻译，(3)：2-4+16.

张华平，李林翰，李春锦，2023. ChatGPT 中文性能测评与风险应对 [J]. 数据分析与知识发现，(3)：16-25.

中国翻译协会，2023. 2023 中国翻译及语言服务行业发展报告 [M]. 北京：中国翻译协会.

中国外文局等，2019. 中国政治话语对外翻译工作手册（试行版）[M]. 北京：中国外文局.

祝朝伟，2021. 翻译专业思政教育的“道”与“术”[J]. 中国翻译，(4)：65-67.

（责任编辑　刘晓峰）

作者简介：高玉霞，中国海洋大学外国语学院讲师、工商管理在站博士后，海洋发展研究院“非固定”双聘研究员，研究方向为国家翻译制度研究、国家翻译实践研究。

作者电子邮箱：gaoyuxia@ouc.edu.cn

翻译中的注释：鲁迅译作副文本分析①

翟全伟[1,2]　　刘可欣[2]

[1] 四川外国语大学　[2] 湖北汽车工业学院

摘　要： 注释作为翻译活动中的重要副文本形式，对文本解读和文化传播发挥着重要作用，然而注释研究在翻译学领域长期处于边缘化状态。本文以鲁迅译作注释为研究对象，依据法国文论家热奈特的分类法，将注释划分为编者注、译者注和原注三种类型。研究发现，与鲁迅著作中数量庞大的编者注形成鲜明对比，译作中编者注一直维持"沉默"状态，这折射出主流话语对鲁译价值的认识流变；同时鲁迅自 1921 年起便持续为译作添加译者注，体现了其对"信"的追求，且译注采用口语化风格与正文形成张力，展现出本土化倾向。论文最后指出，基于注释这一视角探究翻译行为主体，可以拓展文本细读的深度，揭示翻译活动的复杂性和动态性。

关键词： 鲁迅译作；注释；翻译观；译者行为

Annotations in Translation: Paratextual Analysis of Lu Xun's Translated Works

ZHAI Quanwei

Sichuan International Studies University

Hubei University of Automotive Technology

LIU Kexin

Hubei University of Automotive Technology

Abstract: As an important paratext in translation activities, annotations play a crucial role in text interpretation and cultural transmission. However, annotation research has long been marginalized in the field of Translation Studies. This paper takes Lu Xun's annotated translations as the research object and categorizes annotations into editors'

① 本文系四川外国语大学研究生创新项目"小注释，大历史:《鲁迅译文集》注释研究"（SISU2021YY004）和湖北省教育厅哲学社会科学研究项目"《共产党宣言》陈望道译本翻译赞助活动考察"（23D103）阶段性成果。

notes, translators' notes, and original authors' notes based on the classification proposed by French literary theorist Gérard Genette. The study finds that in contrast to the abundant editors' notes in Lu Xun's own writings, the editors' notes in his translations have maintained a state of "silence", reflecting the changing recognition of the value of Lu Xun's translations by the mainstream discourse. Meanwhile, Lu Xun consistently added translators' notes to his translations from 1921 onwards, demonstrating his pursuit of "faithfulness". The colloquial style of his translators' notes creates a tension with the formal style of the main text, revealing his localization tendency. The paper concludes by suggesting that investigating translation agents from the perspective of annotations can deepen textual analysis and uncover the complexity and dynamics of translation activities.

Keywords: Lu Xun's translated works; annotation; translation philosophy; translator behavior

1 引言

注释作为辅助读者理解文本的重要副文本形式，在译著中有重要的价值。译注在文本阐释、史料建构、译本传播等方面发挥着积极作用。以译作中的注释为视角，考察译者、编者、原作者等不同主体的注释行为，可管窥翻译文本的生产与演变，揭示知识生产背后的社会文化动因。

整体来看，翻译研究领域对译作注释的关注还远远不够，现有研究多局限于译者注这一单一注释主体上，对译注也缺乏系统性的长时段考察。以鲁迅翻译文学为例，虽然学界对鲁迅的译论和译作给予了持续的关注，产生了丰富的成果，但专门探讨其译作注释的研究尚付阙如。近 70 年来《鲁迅全集》相关注释研究达到了 675 篇（李宗刚、谢慧聪，2020），但“与编辑、校勘、修订、注释、研究《鲁迅全集》所投入的人力、物力相比，鲁迅译文的编辑与研究显然滞后”（赵献涛，2016：194）。事实上，鲁迅在 1903—1936 年的翻译生涯中译介了超过 300 万字的外国文学作品，围绕鲁迅的译论与译作，学界也产生了旷日持久的翻译论争，成为 20 世纪非常显著的翻译现象。对鲁迅翻译文学中注释问题的探讨有利于厘清学界争论，拓展并深化鲁迅翻译文学研究，有望成为鲁迅研究领域新的增长点。

目前学界虽无专文对鲁迅译作中的注释进行系统研究，但在鲁译手稿研究和具体的文本细读上，学界对鲁译注释问题也有涉猎，且存在一些争论。例如，在对鲁迅译文《毁灭》三个版本进行校勘时，赵献涛（2016：194）提出，“阅读鲁迅译文的一大缺憾、一大困难，是没有注释。为鲁迅译文做出注释，有益于读者的阅读”。但李浩（2014：57）在比对发表在1930年1月《萌芽月刊》上连载的《溃灭》以及现存的《毁灭》译稿时指出，“《溃灭》的译者注（按）是行间注，《毁灭》译稿是页脚注。一些注释两个版本也有不同”，肯定了译本初稿和现存译稿（即1931年大江书铺和三闲书屋版《毁灭》的发排稿）中都是存在注释的。王家平（2018：9）在对鲁迅译文集进行文本细读的基础上，指出2008年福建教育出版社出版的8卷本《鲁迅译文全集》，“除了有少许的译作出版和发表情况说明，并未对鲁迅译作文本做注释”。除福建版外，其余各版本“都没有注释”。

由此来看，学者们对鲁迅译文集中是否存在注释一事存在争论，且使用了诸如“行间注”“页脚注”“注释”等多个术语。这些分歧反映出鲁迅译作的注释研究尚缺乏系统梳理，相关概念界定模糊，研究方法有待进一步规范。鉴于此，本文拟在厘清注释分类的基础上，以1938年以来历次出版的鲁迅译文集为研究对象，考察注释的生产与流变。具体而言，试图回答以下问题：（1）鲁迅译作中是否存在注释？相关的争论何以发生？（2）不同主体加注行为体现出怎样的翻译观？（3）译作注释现象与社会文化语境有何关联？通过系统分析，本文力图为鲁迅翻译研究提供新的视角，也为翻译文学中的注释研究提供一个有益的案例。

2 注释的分类与界定

若要厘清鲁译相关的注释争论，则首先需要廓清注释的分类标准。法国文论家杰拉德·热奈特（Gérard Genette）在其所著《副文本：阐述的门槛》（*Paratexts: Thresholds of Interpretation*）一书中将注释纳入了副文本研究范畴，指出作为围绕文本周边的副文本要素之一，注释“不规则、碎片化”的特性常使人遗忘其重要性。根据不同的分类标准，如注释出现的物理位置、出现的时间和注释主体等，热奈特将注释划分为不同的形式（Genette，1997：319）（见表1）。

表 1 热奈特的注释分类

划分标准	分类
位置	旁注、夹注、尾注、注释集等
时间	初版注释、再版注释、后期注释，以及无注释等
主体	作者注、伪作者注、他注、译者注、作品人物注等

从表 1 可以看出，热奈特对注释的分类非常系统和全面，突破了学界常见的根据注释出现的位置而进行的分类，让我们注意到注释研究的不同视角。热奈特认为在注释研究中，更多的应该将其视为一种方法而非确定的事实；关注注释的分类并不是目的，而应将重点放在注释是否与文本解读相关或产生相应的作用（Genette，1997），强调注释所发挥的功能。翻译研究中的注释也是学界关注的重要对象之一，相关研究既有理论性质的探讨（周领顺、强卉，2016；吴冰、朱健平，2018），也有描述性研究，如《庄子》（张广法、文军，2019）、《天问》（谈宏慧，2020）、《聊斋志异》（王晔，2019）等探讨汉语典籍英译本中注释的内容与译者的翻译策略，注释与形象等，还有实证研究，如张璐（2020）。总体而言，现有研究在方向上偏重中译外，对外译中的注释关注不多，代表性的包括李德超和王克非（2011）对周瘦鹃小说中的译注及文化解读，朱安博和贺时纬（2022）对莎剧圣经典故的关注，李文戈和张桐（2023）探讨了俄罗斯文学作品汉译注释的文化建构问题等。具体到鲁迅文学翻译中的注释来看，既有少量研究以个案为主，如刘聪（2016）分析了《死魂灵》中序言、正文和注释表现出的三种不同文体风格，但并无专文对译作中的注释问题进行探讨。

此外，既有研究大多将注释视为译者的个人行为，较少关注编者、出版机构等其他行动者在文本生产过程中的参与。事实上，翻译作为一种社会实践，其产出是译者、委托方、出版社等多方行动者共同博弈的结果。拉图尔（Latour，2005）等人认为社会是多个行动者之间构建起来的网络，是多变和不确定的。翻译的社会生产过程是“在各类行动者联结而成的动态网络中实现的，最终的翻译产品是各行动者交互作用的结果”（邢杰等，2019：28）。鲁迅译作在 1938 年后的多次出版涉及多方行动者，最终呈现的鲁迅译文集中的注释也涉及编者、译者、原作者等多个人类行动者及特定时期的翻译政策、文艺政策、翻译出版等多个非人类行动者。以注释为视角，一方面可管窥主流话语在当代对鲁迅译作的评价，另一方面可深入了解鲁迅多面的翻译观。下文将依照热奈特对注释者的主体分类和对功能的强调，将《鲁迅译文全集》中的注释分为编者注、译者注和原注三大类，并重点论述"在场"编者注的分类与功能、编者注的"沉默"、译者注的分类与翻译观等，以期拓展并深化鲁迅翻译文学研究，也为翻译中的注释研究提供一些研究视角上的粗浅参考。

3　鲁迅译作中的注释分类与解读

鲁迅译文集较有影响力的版本一共有 3 个，分别是 1938 年版（鲁迅全集出版社，共 10 卷）、1958 年版（人民文学出版社，共 10 卷）和 2008 年版（福建教育出版社，共 8 卷）。2008 年版《鲁迅译文全集》"收入鲁迅全部译作，单行本和散篇分别按初次出版或发表时间顺序编排……原注均予保留"（鲁迅，2008a：出版说明）。该版本根据新发现的材料对译作进行了增补，且保留了之前版本中的注释。对 2008 版译作中的注释考察可兼及以往，比较全面。

3.1　编者注的"在场"

编者注是由作者以外的后来编辑者（译者、审校者）对作品的文本或引文中的相关内容所作的介绍、评论或者阐释，在《鲁迅译文全集》中通常标识为"编者注"。译文全集中的编者注可分为两种情况，包括题注和译者信息补充等，其中题注占主要部分。

3.1.1　题注

题注也称题解，一般是指对作品题目的注释，大部分题注都是用简短的话语叙述关于该作品主题的一些重要的信息，如题目产生的时代背景、原作者信息等。对于年代较久远，或者与正文的关联并不清楚的，可能就会用一两个短句的题注来进行补充说明，以做进一步的阐释。《鲁迅译文全集》中就保留有很多类似的题注。如第一卷《地底旅行》的题注标识如下。

《地底旅行》，法国科幻小说，鲁迅据日译本译述，1906 年 3

月上海普及书局、南京启新书局发行。署“英国威男著，之江索士译演”。案原著者应为法国儒勒·凡尔纳。（鲁迅，2008a：64）

第一卷《域外小说集》的题注标识如下。

《域外小说集》（二册），短篇小说集，鲁迅与周作人合译，1909年3月、7月在东京出版，署“会稽周氏兄弟纂译”。第一册收小说七篇，其中安特来夫的《谩》和《默》署“树人译”；第二册收小说九篇，其中迦尔洵的《四日》署“树人译”，均系以德文转译。（鲁迅，2008a：102）

《地底旅行》的题注中阐释了很多关于原作的信息，如原著为法国作者凡尔纳所著，题材为科幻小说，鲁迅所译的版本是根据日译本所进行，图书最初发行的时间以及出版社信息等。在《域外小说集》的题注中，也添加了很多关于该书的出版信息、题材等，此外，还指明该书的另外一个译者“周作人”，原书的署名情况等。这些题注信息有“一定的历史和阐释价值，同时在读者接受的过程中也起着一定的作用”（章宗鋆，2016：93）。题注可帮助读者更好地掌握译文产生的时代背景和原作信息，有利于还原文本的历史语境。

3.1.2 译者补充信息

译者补充信息主要是对译文作者信息的补充说明。鲁迅在留日和在北京时期，同周作人一起合作翻译了不少文本，包括《域外小说集》《现代小说译丛》等，编者需对两兄弟的译作进行区分。例如，2008年版《一个青年的梦》序言《与支那未知的友人》一文的脚注标识为“本篇为周作人译，参照‘后记’”。在《后记》中，鲁迅明确提到这封武者小路实笃所写的信是由周作人译出的。

周作人先生和武者小路先生通信的时候，曾经提到这已经译出的事，并问他对于住在中国的人类有什么意见，可以说说。作者因此写了一篇，寄到北京，而我适值到别处去了，便由周

> 先生译出，就是本书开头的一篇《与支那未知的友人》。（鲁迅，2008a：434）

但若查看1958年的《鲁迅译文集》第二卷会发现这封信并未有任何题注或说明，由于这封信放在译作正文之前，读者若不阅读译作后文的《后记》内容，便会自然而然认为这封信也是由鲁迅所译。实际上，1958年版的《一个青年的梦》也附录了《后记》，译者信息应该是清晰无误的，编者为何不做任何说明？这或许和“十七年（1949—1966）”时期的社会环境有关，周作人作为“有污点”的译者，在泛政治化的翻译批评语境下，其翻译成果被掩蔽、遮盖和边缘化，成为历史的低音。而到了2008年，社会语境的变化使得诗学价值和政治评价能够成为分开考量的要素，作为译者的周作人诗学价值被“复现”，重新出现在脚注中。

在鲁译《爱罗先珂童话集》文前附有一首诗，标题为“人类中的一员”，其脚注信息如下。

> 本诗鲁迅未译。此译文由张过大卫译。参见《鲁迅研究月刊》2005年第4期中《鲁迅先生保存的爱罗先珂的一首世界语诗原文的文学史价值与许广平先生关于此诗的一封信》一文。（鲁迅，2008a：442）

1958年版的《鲁迅译文集》仅附录了这首诗的原文（用世界语写成），没有给出译文。由此可见2008年版《鲁迅译文全集》吸收了近些年的鲁迅翻译学术成果，做了一定量的增补。

3.2　编者注的“沉默”

马歇雷（Macherey）（1988：632）在谈及文学分析时，指出在看待文学作品时，作品中说出的什么并不重要，重要的是没有说出的东西（即沉默）。

> 对于一部文学作品的认识，不是简单地解释或剥开其奥秘，

> 而是一个新的认识的产物，是对这部文学作品中未曾说出的重要意义的阐述。事实上，真正的分析并不局限于它的分析对象，只解释已经说过的东西，分析面对着它的对象的沉默、否认和抵制。

蒂莫兹科和根茨勒（Tymoczko & Gentzler, 2002）在谈及宏观权力对翻译活动的影响时也指出，翻译研究不仅要分析源语文本和源语文化中被翻译的部分，也要研究那些没有被翻译的部分，以便观察主流文化如何使得其他形式边缘化。同理，对鲁迅译作中注释的研究既要观察编者注的“言说”，即编者的话语，也要去考察其“沉默”，即这些编者注缺少了什么。

自 20 世纪 50 年代以来，在现代文学文献整理出版过程中出现了三次注释高潮，其中《鲁迅全集》的注释成为典型现象。金宏宇（2021：10–11）统计指出“1958 年的 10 卷本第一次在‘白文本’的基础上增加了 5,800 余条注释，共 50 多万字；其 16 卷本的注释扩充到 23,000 余条，总字数约 200 多万字；18 卷本又新增注释 900 余条，修改了 1,000 多条原注，注释部分净增字数达 20 万”。《鲁迅全集》在新中国成立后出版的注释本，按主体划分，应划入编者注，国家主体调动多方力量进行的大范围、长时段注释，“实际上是一种国家意识形态”（黄海飞，2018：85）。相比于鲁迅著作注释的火热，鲁迅译作的注释只系统地编辑过一次（1958 年），并未进行大量的增补，编者注的数量和广度非常有限，文本扩容幅度不大。严格意义上来说，《鲁迅译文集》在初刊、初版时并不是完全的“白文本”（即文本未经注释的原初状态），因其译作中包含有译者注和原作者注，只是译者注和原作者注的篇幅并不大。鲁迅本人及编辑、亲属、学者等并未对已出版的译作添加新的自注或他注，因此并未形成新的注释本，译作在内容上基本保留了其最初的出版形态。这样的结果就是不同时期出版的鲁迅译作在卷数上并未有大的差别，1958 年版《鲁迅译文集》共 10 卷，2008 年版《鲁迅译文全集》则只有 8 卷，在注释方面也只做了少量的增补。

鲁迅译文集中编者注的“沉默”与缺失在不同时期有不同的考量。1938 年出版时处于抗战时期，出版环境艰难，而且整体编撰时间也较短，无法组织大规模的人力进行注疏工作。许广平（1938：16）在《〈鲁迅全集〉编校后记》中说“六百余万言之全集，竟得于三个月中短期完成，实开中国出版界之奇迹”。此一版本的首要目的是保存和流传鲁迅的遗著，宣扬鲁迅精神等。鲁迅的早期译作，如《月界旅行》《地底旅行》《域外小说集》等早已绝版，“集稿、抄写、编辑、校对、发行”（许广平，1938：16）等便成为此一时期的主要任务，给译文添加编者注的必要性与可能性都不具备。1958年版《鲁迅译文集》出版时处于“十七年”时期。一方面，“三家五最”说将鲁迅的政治地位提高到空前的高度；另一方面，“国家全面有效地掌握了国家意识形态、译者的社会地位和经济地位，赞助系统高度统一”（廖七一，2017：35），翻译出版逐步走向“计划化与组织化”。鲁迅译作出版作为国家赞助和发起的翻译实践，肩负着维护国家利益和塑造国家形象的重要使命，有很强的政治功利性。在“政治第一、文艺第二”的社会语境下，译文集的编者只能选择顺应主流意识形态和强势话语。具体来看，鲁迅译作的价值在思想内容方面和主流话语方面有一些差距，例如，1958年版《鲁迅译文集》在出版说明中就指出鲁迅翻译的有些译文“其中有一些已经失去了介绍它们时所有的作用和意义，甚至变成为有害的东西了。如厨川白村的文艺论文、鹤见佑辅的随笔、阿尔志跋绥夫的小说以及收入《文艺政策》一书中的某些发言纪录等”（鲁迅，1958：出版说明）。在当代译论发生转型，对鲁迅译作的价值进行重新估定的语境下，注释出现“空白”和“沉默”就成为合理的选择。到了2008年，福建版译文全集的编者们虽然吸收了一些研究学界的最新成果，在编者注的内容和篇幅方面略有增加，但细看其内容，考察其来源，则可发现，大多数增加的题注信息来源于2005年人民文学出版社出版的《鲁迅全集》第10卷《古籍序跋集·译文序跋集》。这些介绍虽然并非完全一致，但在措辞上区别不大，试比较如下。

2008年版《鲁迅译文全集》《爱罗先珂童话集》题注

《爱罗先珂童话集》《文学研究会丛书》之一，于1922年7月由上海商务印书馆出版。其中鲁迅翻译的九篇作品，除《古怪的猫》未见发表于报刊之外，其他各篇在收入单行本前都曾分别发表于《新青年》月刊、《妇女杂志》、《东方杂志》、《小说月报》及《晨报副刊》。本集另收鲁迅所译爱罗先珂另一童话集《幸福的船》中的《爱字的疮》、《小鸡的悲剧》、《红的花》、以及《时光老人》四篇作品（巴金编辑，1931 年 3 月上海开明书店出版）。译后附记五篇收入本集附录。（鲁迅，2008a：440）

2005 年版《古籍序跋集・译文序跋集》《爱罗先珂童话集》序

《爱罗先珂童话集》1922 年 7 月上海商务印书馆出版，列为《文学研究会丛书》之一。其中鲁迅翻译者九篇，除《古怪的猫》一篇未见在报刊上发表外，其它各篇在收入单行本之前曾分别发表于《新青年》月刊、《妇女杂志》、《东方杂志》、《小说月报》及《晨报副刊》。《鲁迅译文集》所收《爱罗先珂童话集》中的末四篇（《爱字的疮》、《小鸡的悲剧》、《红的花》、《时光老人》），曾收入巴金所编爱罗先珂第二童话集《幸福的船》（1931 年 3 月上海开明书店出版）。（鲁迅，2005c：215）

2008 年新版《鲁迅译文全集》为何没有组织学界的众多研究者进行注疏？北京鲁迅博物馆馆长孙郁（2008）坦言，没有能力给译文全集做详细的注释，人力和财力都不充分，当年《鲁迅全集》是举全国之力来注释，再也不可能了。我们没有财力，人力也不行，我们没有懂德文的，懂日文的有，但对日本文学的了解也不行。在缺少全面注释的情况下，出版社对译文读者的定位就和《鲁迅全集》的“以普通初中毕业学生能大致看得懂为一个大概的标准”（冯雪峰，2016：413）的读者定位有很大不同，“鲁迅译文曾收入 1938 年版《鲁迅全集》，后于 1958 年由人民文学出版社辑为十卷出版。这两种版本因年代久远已难以满足当代读者的需求”。此处的“当代读者”是谁？或者换句话说，在当代，谁会是鲁迅译文的潜在读者？王宏志（2006：356）在谈到鲁译的价值时指出，“今天，人们大抵不会再通过阅读鲁迅的译本来认识厨川白村或普列汉诺夫的作品或思想，我们很容易会找到更‘流畅’，甚至更‘忠实’的译本，让我们读来更感满意”。鲁迅译作的价值或许更多的保留在史料方面，其读者面向是具有相当语文学、历史学素养的学者型“专业型读者”，而非普及之用。不以普通读者为读者对象，鲁译大范围注疏的必要性就不复存在了。

历时来看，虽然鲁迅译作中的编者注一直保持了“沉默”状态，但其原因却不尽相同。1938 年时间紧迫，注疏并非首要任务，是“不能”；而在 1958 年，鲁迅译作在方向和内容上偏离了当时的主流政治和诗学，部分内容被认为是有害的，译文不注疏是基于意识形态的“不为”；到了 2008 年，接受语境业已大幅改变，回归到翻译文学本身来看，译文的价值也有了不一样的声音，不注疏是基于文学价值的“不必”。鲁迅译作中的编者注并不是知识层面的“怎么注”“何时注”问题，而是“注还是不注”的价值判断问题。

3.3　原注

译文集中注释的第二种形式为原注，即原作中已包含的注释，《鲁迅译文全集》中也予以保留，如《现代小说译丛第一集》《战争中的威尔珂》篇中共有 6 处原注，列举其中 3 条如下：

- Velko，勃尔格利亚人的名字，和益尔伏忒与赛尔比亚的 Vuk 相同，意义是狼
- Baba，斯拉夫语，意义是老人
- Kmiet，意义是村长（鲁迅，2008a：276）

从原注的内容来看，多是原作对原文中的文化现象的解释和说明，译文中予以保留，阐释的价值也就保留了下来。如果说原文中的注释有助于原语读者对于文本的解读，那么译文中保留的原注也在一定程度上有助于译语读者对译文的更深层次的接受和解读。热奈特指出在所有的注释中，作者注同文本之间联系紧密，和正文本距离也非常接近，在主题上具有连贯性和一致性。在功能上，作者注对文本主体进行拓展、分叉、调整，对文中术语进行界定和解释或阐述文本的抽象意义（Genette，1997）。译者对原注的保留是对原文语境的重现，如果说原注有助于原语读者对于文本的

解读，那么译文中保留的原注和译者注一起共同形成了同译文正文之间的互文关系，在固定与传播语言文化和他者文化方面有一定的积极作用。此外，保留的参考文献是原注的另外一种形态，如《苦闷的象征》中共保留了 17 条厨川白村原作中引证的参考文献（鲁迅，2008b），这些文献同正文的文艺论文形成了一定程度的互文关系。

3.4 译者注的“在场”

译者注是指鲁迅本人在翻译时对原文内容所加的注释。译者注在《鲁迅译文全集》中占据主流，在篇幅上占有优势（见表 2），总体上译者注都比较简略，几个词到一句话左右不等。从鲁迅的译注实践和译注话语两个角度可窥探译者的注释观以及背后的翻译观。

表 2 《鲁迅译文全集》第 1 卷中的注释类别与数量

	《月界旅行》	《地底旅行》	《域外小说集》	《工人绥惠略夫》	《现代小说译丛》	《一个青年的梦》	《爱罗先珂童话集》	总数
编者注	1	1	6	2	6	5	7	28
译者注	0	0	0	16	14	0	3	33
原注	0	0	0	0	6	0	0	6

以《鲁迅译文全集》第 1 卷为例，《工人绥惠略夫》中共出现 16 处译者注（见表 3），是第 1 卷中数量和形态最丰富的。按照不同的功能，《工人绥惠略夫》中的译者注可分为文化常识类、社会历史类和语境类三种，其中文化常识类占比最高，社会历史类次之。

表 3 《鲁迅译文全集》第 1 卷中的译者注

注释类别	数量	比例
文化常识类	10 条	71.4%
社会历史类	4 条	28.6%
语境类	2 条	14.3%

文化常识类译者注提供关于文化参考的信息，以方便读者了解相关域外信息，例如：

- Samovar 是俄国特有的一种茶具。
- Hekatombe 是古希腊祭神所用的大牺牲。
- Piter，彼得堡的通称。
- Kopek，每一个约合中国钱十文。

社会历史类译者注提供关于历史事件或人物的背景信息。例如：

- 游行者，一种流浪的人民，游荡全国、随地作工觅食。
- 黑百人团即那时自称为“真正俄人团体”的团员，常助政府压迫改革者。

语境类译者注是对文本中某些词汇或概念的解释或补充说明。例如：

- William Morris（1834—96）是英国有名的文人，主张劳动的艺术化，曾经创办靡理思公司又拟设圣乔治工舍，实行共产生活，没有成。这里所说，大约只是隐射他的两件事。
- 从波得堡步行出去，几小时便可以到芬兰界。（鲁迅，2008a：133–214）

从语言风格上看，在注释中鲁迅所使用的语言是比较流畅的口语白话，也夹杂着一些文言词汇，如“随地作工觅食”中的“作工”“觅食”等，“常助政府压迫改革者”中的“常助”，“没有成”中的“成”。也有一些欧化的情况，如“一种流浪的人民”中的“的”字结构应是受到原文影响，现在大多用“流浪汉”或“流浪者”等表达。但总体上来说，注释用语欧化程度很轻，和鲁迅在正文中使用的欧化语言形成了两种不同的风景。

3.5 译者注与译者观

从注释的时间来看，在鲁迅留日的早期翻译生涯中，《哀尘》《斯巴达之魂》《地底旅行》与《月界旅行》等翻译作品均不包含任何译者注或原注。早期译作中注释的缺失或许跟鲁迅早期翻译时主要采取意译和编译的方式有直接关联。在晚清的时代语境下，文学翻译成为“救亡图存”的工具，其紧迫性和功利性使得诗学价值和形式处于从属性质，属“第二位”。“在民族救亡的宏大叙述下，译者关注于语言雅驯、情节离奇的传统诗学观，以及达旨的翻译策略观，信达雅便被边缘化”（廖七一，2014：104）。在追求流畅性的目的下，注释出现缺失就不难理解了。但从《域外小说集》序言亮出直译这杆旗帜之后，鲁迅译作中译者注和原注的形态逐渐丰富。鲁迅给译作添加的第一条注释出现在 1921 年翻译的《工人绥惠略夫》。

> 他放下物件，穿着畅开领口没有带子的红色的农家衣的时候，才又想到新来的客人，便问那老女人，恰恰捧着煮沸的撒摩跋尔*进来的，说：
>
> “这个，玛克希摩跋，你的房子租出去了么？”
>
> * Samovar，俄国特有的一种茶具，金属制，可以生火煮茶。——译者注（鲁迅，2008a：142）

在该条注释中，译者将 Samovar 音译为撒摩跋尔（现译：俄式茶壶）。这种音译得到的“只是一个语音的‘空壳’。对译入语而言，译名不仅丧失了丰富的语言内容，而且丧失了基本的语言意义和所指意义”（廖七一，2005：14）。鲁迅通过添加注释的方式补充了该词的语义成分，其作用、材料、用途等均有说明。芥川龙之介（2005：440）在 1925 年曾对《罗生门》鲁迅译本做出较高评价，谈到鲁迅对译本中的“地名、官名和器具，都认真地附有注释”，对译者添加注释的行为表示认可。鲁迅对音译问题是持赞赏态度的，在《不懂的音译》中，他指出将外国人名音译在中国的翻译史中有着悠久的历史，“南北朝人译印度的人名：阿难陀、实叉难陀、鸠摩罗什婆”，因此“翻外国人的姓名用音译，原是一件极正当、极平常的事”（鲁迅，2005a：417）。这与他希望通过翻译改进中国的文法翻译理念是一致的，“这样的译本，不但在输入新的内容，也在输入新的表现法”（鲁迅，2005b：391）。在译作中保留注释的做法一直持续到鲁迅的最后译作——1936年的《死魂灵》。在《死魂灵》序言中，鲁迅添加了10处译者注；在《死魂灵》正文中，译者给几乎每个章节都添加了数量不等的译者注，显示出鲁迅对译注的偏重。

鲁迅在20世纪二三十年代就“注释”问题发表过一些论述，通过这些显性的翻译话语也可了解译者的注释观。

> “文中典故，间以括弧注其下。此外不关鸿旨者，则与著者小传及未译原文等，并录卷末杂识中。读时幸检视之。”（《域外小说集》略例，1909）
>
> “这一篇，是从札典斯加女士的德译本《勃尔格利亚女子与其他小说》里译出的；所有注解，除了第四第六第九之外，都是德译本的原注”。（《战争中的威尔珂》译者附记，1921）
>
> “本书所举的西洋的人名，书名等，现在都附注原文，以便读者的参考。但这在我是一件困难的事情，因为著者的专门是英文学，所引用的自然以英美的人物和作品为最多，而我于英文是漠不相识。”（《出了象牙之塔》后记，1925）

上述鲁迅关于注释的话语中包括了注释的形式（“间以括弧注其下”）、注释的来源（“所有注解……都是德译本的原注”）、注释的目的（“以便读者的参考”）、注释遇到的困难与译者的坚持（“在我是一件困难的事情……而我于英文是漠不相识”）等信息。这种标识法并不采取文外注的方式，而是采取文内注。在厨川白村《出了象牙塔》的译文中，鲁迅添加的文内注“我近今在学校给人讲勃朗宁（Robert Browning）的题作《再进一言》（*One Word More*）的诗，就细细地想了一回这些事”，又如“但丁（Dante）做那示给世间的人们的《神曲》（*Divina Commedia*）这大著作，但在《新生》（*Vita Nova*）上所记”（鲁迅，2008b：303–304）。

不管是从译者添加注释的行为角度，还是从译者就注释问题发表的相关话语角度来看，鲁迅对“信”的追求自1921年以后是一贯的，“亦步亦趋”跟随原文。另一方面，如果将正文所使用的语言和注释所使用的语言进行对比，则会发现注释所使用的语言大都是比较流畅的口语体，欧化程度较轻，和正文风格有较大差异。由此，一二刻板词汇如“硬译”等并不能概括鲁译的全部情况，至少在译注中，鲁迅使用了不同风格的文本。

4 结语

本文聚焦鲁迅译作中的注释现象，在梳理学界争议的基础上，提出了一个更为系统和细致的分析框架。通过对鲁迅译文集的文本考察，本文发现其注释主要包括三类：编者注、译者注和原注。整体而言，译者注占比最高，其次是编者注。本文认为，学界对鲁迅译作是否存在注释的争议，主要源于对注释概念界定的模糊以及注释类型区分的忽视。当学者们指出鲁迅译作中“没有注释”，并非意味着译作中完全不存在任何形式的注释，而是说相较于鲁迅的著作，其译作中缺少系统的编者注。编者注的“缺席”使得鲁译整体上给人一种“白文本”的印象。其“沉默”在不同时期有不同的文化语境成因，折射出主流话语对鲁译的价值认识的变化轨迹。

与编者注的阙如不同，鲁迅在翻译过程中较为重视添加译者注。他一方面努力保留并翻译原作者的注释，另一方面也为译文添加了大量的译者注。通过译注，鲁迅力求再现原作的文化语境，为读者提供必要的背景知识，同时也借助注释传达了自己的观点。然而，与正文部分追求“硬译”的语言风格不同，鲁迅译注的语言整体更为口语化和通俗化，形成了颇具特色的内部张力。

译注作为重要的翻译副文本，蕴含丰富的社会文化信息，是观察译者主体性、翻译规范流变的重要切入点。通过聚焦鲁迅这一个案，本文力图为翻译文学研究提供新的理论视角和方法论参照，同时也呼吁学界重视译作注释这一研究领域。这不仅有助于拓展文本细读的深度，也为探讨翻译的社会文化运作机制提供了重要窗口。展望未来，翻译研究领域还需要开展更多基于文本细读的实证性研究，系统考察不同类型、不同时期译作的注释问题。通过对比分析，我们可以发现翻译主体在不同社会历史语境下的应对策略和话语建构，进而揭示翻译活动的复杂性和动态性。此外，在理论探索方面，亟需加强副文本理论与译者行为、翻译社会学等研究范式的对接，进一步拓展注释研究的理论视野和解释力度。唯有如此，方能推动翻译研究的学科发展，为建构翻译学的中国话语做出更多贡献。

参考文献

GENETTE G, 1997. Paratexts: thresholds of interpretation [M]. LEWIN J E, Trans. Cambridge: Cambridge University Press.

LATOUR B, 2005. Reassembling the social: an introduction to actor-network-theory[M]. Oxford: Oxford University Press.

TYMOCZKO M, Gentzler E, 2002. Translation and power [M]. Amherst and Boston: University of Massachusetts Press.

冯雪峰，2016. 冯雪峰全集 6 [M]. 北京：人民文学出版社.

黄海飞，2018. 1958 年版《鲁迅全集》的编注考释 [J]. 中国现代文学研究丛刊，（9）：81-92.

芥川龙之介，2005. 芥川龙之介全集（第 3 卷）[M]. 济南：山东文艺出版社.

金宏宇，2021. 中国现代文学文献注释现象之考察 [J]. 长江学术，（2）：5-17.

李德超，王克非，2011. 译注及其文化解读——从周瘦鹃译注管窥民初的小说译介 [J]. 外国语，（5）：77-84.

李浩，2014.《毁灭》译稿与《溃灭》及其他 [J]. 上海鲁迅研究，（4）：54-68.

李文戈，张桐，2023. 管窥俄罗斯文学作品汉译注释中的文化建构 [J]. 天津外国语大学学报，（1）：81-93+113.

李宗刚，谢慧聪，2020. 70 年来《鲁迅全集》注释研究热点与前沿动态分析——基于 1949—2018 年超星数据的分析 [J]. 西南民族大学学报（人文社科版），（4）：229-235.

廖七一，2005. 文本类型与地名译写 [J]. 上海翻译，（2）：13-16.

廖七一，2014. 晚清批评话语与翻译实践 [J]. 外国语文，（6）：104-109.

廖七一，2017. “十七年”批评话语与翻译“红色经典”[J]. 中国比较文学，（3）：35-48.

刘聪，2016. 三重文体交汇的风景——由《死魂灵》看鲁迅的翻译策略 [J]. 鲁迅研究月刊，（9）：79-84.

鲁迅，1958. 鲁迅译文集（第 1 卷）[M]. 北京：人民文学出版社.

鲁迅，2005a. 鲁迅全集（第 1 卷）[M]. 北京：人民文学出版社.

鲁迅，2005b. 鲁迅全集（第 4 卷）[M]. 北京：人民文学出版社.

鲁迅，2005c. 鲁迅全集（第 10 卷）[M]. 北京：人民文学出版社.

鲁迅，2008a. 鲁迅译文全集（第 1 卷）[M]. 福州：福建教育出版社.

鲁迅，2008b. 鲁迅译文全集（第 2 卷）[M]. 福州：福建教育出版社.

马歇雷，1988. 文学分析：结构主义的坟墓 [A]// 陆梅林（编）. 西方马克思主义美学文选 . 桂林：漓江出版社：616-642.

孙郁，2008. 谈《鲁迅译文全集》[N]. 北京青年报，2008-10-07.

谈宏慧，2020. 基于《天问》译本的典籍考证、翻译策略与质量研究 [J]. 上海翻译，（5）：58-63.

王宏志，2006. 鲁迅与左联 [M]. 北京：新星出版社.

王家平，2018.《鲁迅译文全集》翻译状况与文本研究 [M]. 北京：社会科学文献出版社.

王晔，2019.《聊斋志异》英俄译本注释中的形象建构 [J]. 国际汉学，（1）：118-124+205.

吴冰，朱健平，2018. 认同与异变：深度翻译在我国的接受研究 [J]. 语言与翻译，（3）：73-79.

邢杰，黎壹平，张其帆，2019. 拉图尔行动者网络理论对翻译研究的效用 [J]. 中国翻译，（5）：28-36+188.

许广平，1938.《鲁迅全集》编校后记 [J]. 上海妇女，（8）：15-19.

张广法，文军，2019. 差异伦理视角下的翻译注释研究:《庄子》翻译注释的内容分析 [J]. 外语教学，（3）：86-92.

张璐，2020. 注释作为典籍英译翻译补偿手段有效性的实证研究 [J]. 外语学刊，（4）：78-83.

章宗鋆，2016. 中国新文学中的注释研究 [M]. 武汉：武汉大学出版社.

赵献涛，2016. 鲁迅译文《毁灭》版本校勘琐记 [J]. 上海鲁迅研究，（3）：183-194.

周领顺，强卉，2016. “厚译”究竟有多厚？——西方翻译理论批评与反思之一 [J]. 外语与外语教学，（6）：103-112+150.

朱安博，贺时炜，2022. 世界文学视域下《文星》版梁译莎剧中圣经典故注释研究 [J]. 江南大学学报（人文社会科学版），（3）：95-103+116.

（责任编辑　刘晓峰）

作者简介： 翟全伟，四川外国语大学翻译学院博士研究生，湖北汽车工业学院副教授、硕士生导师，研究方向为翻译史、翻译批评等。刘可欣，翻译硕士，湖北汽车工业学院外国语学院助教，研究方向为口笔译实践。

作者电子邮箱： 翟全伟 33152490@qq.com

刘可欣 1245572610@qq.com

英国汉学家英译中国古典诗歌策略的演变

赵 曼
南开大学

摘　要： 英国汉学家将中国古典诗歌译介至英语世界已有500余年的历史。本文从主流诗学视角，梳理了英国汉学家在不同时期对中国古典诗歌英译策略的演变轨迹。早期译介处于“转译”阶段，受想象力主导，对原诗形式不甚重视。19世纪中期至20世纪初，英国汉学逐渐独立，译者多为外交官和传教士，深受维多利亚时期韵体诗歌主流诗学的影响，形成了以地道英诗体裁译诗的风格。20世纪上半叶，随着现代主义诗歌崛起，自由体译诗策略开始兴起，但韵体译诗仍为主流。20世纪下半叶至今，译诗策略趋于多元化，以学院派为主导的专业译者对保留原作形式更加关注。总体而言，英国译者对中国古典诗歌的译介视角，由“想象”过渡到“他者”，最终走向“写实”。

关键词： 英国汉学；诗歌翻译；韵体译诗；主流诗学

The Evolution of English Translation Strategies for Classical Chinese Poetry in Britain

ZHAO Man

Nankai University

Abstract: British sinologists have been translating classical Chinese poetry into English for over 500 years. From the perspective of mainstream poetics, this paper traces the evolution of translation strategies adopted by British sinologists in different periods. In the early stage, translations were primarily “indirect” and driven by imagination, with scant regard for the formal aspects of the original poems. From the mid-19th century to the early 20th century, as British Sinology gained independence, translators, mostly diplomats and missionaries, were deeply influenced by the Victorian poetics of rhymed verse, forming a style of translating classical Chinese poetry into authentic English poetic forms. In the first half of the 20th century, with the rise of modernist poetry, free verse translation strategies emerged, yet rhymed verse translation remained the mainstream. From the second half of the 20th century to the present, translation

strategies have diversified, with academic translators preserving greater formal fidelity to the originals. Overall, the British translators' perspective on classical Chinese poetry has transitioned from "imagination" to "otherness" and, ultimately, towards "realism".
Keywords: British Sinology; poetry translation; rhymed verse translation; mainstream poetics

1 引言

中国古典诗歌以其丰富的意象、精妙的语言和深邃的意蕴，成为中华文化瑰宝。英国汉学家在过去数百年间，始终致力于将中国古典诗歌之美传达给英语世界，在跨文化交流中发挥了重要的桥梁作用。然而，由于中西方语言文化的差异，如何在翻译中既传神达意、又不失诗歌之美，一直是摆在译者面前的巨大挑战。诗歌的"特定妙蒂总根于特定的语言形式"（辜正坤，1998：4），而译诗为诗之关捩在于，译诗不仅会涉及翻译的技术层面，更关乎与一个社会其文艺诗学样态以及诗歌素养（罗怀宇，2022）。在这一背景下，探讨英国汉学家历史上的译诗活动及其诗学追求，对于推动中国古典诗歌"走出去"、提升中华文化国际影响力具有重要意义。同时，在翻译研究领域，将跨文化视角引入中国古典诗歌英译的考察，有助于拓展文学翻译研究的理论视野，深化对翻译本质的认识。

中国古典诗歌在英国的译介，迄今大致已有五百年历史之久。国内学者对这一领域的相关研究起步较晚，但自20世纪末以来，国内研究学者呈逐年上升趋势，各臻绝诣，观点纷呈。众多学者从海外汉学研究、比较文学视角、译介实践及影响等多个层面，就英国汉学家群体或个案、时间段或历史进程等，对中国古典诗歌在英语世界的传播和接受情况进行了多角度和多层次的考察（如张弘，1992；王绍祥，2004；熊文华，2007；赵欣，2008；江岚，2009；朱徽，2009；冀爱莲，2010；王丽耘，2012；余苏凌，2015；葛桂录，2017；范祥涛，2022；黄道玉，2022）。

其中，王洪涛（2018）认为依据传译的规模、水平与整体影响，中国文学英国之旅先后经历了萌芽期（17世纪至18世纪中期）、肇始期（18世纪中期至19世纪初期）、兴盛期（19世纪初至20世纪初）、沉寂期（20世纪初至20世纪中期）、复苏期（20世纪中期至20世纪末期）以及发展期（20世纪末期至今）。该分期较为全面地概括了中国文学在英国的译介情况，亦包含着相关中国古典诗歌的译介情形。葛桂录（2017）则从英国汉学的发展历程与中国古代文学西传英国的语境出发，勾勒了四个特征鲜明的时代：游记汉学时代、传教士与外交官汉学时代、学院式汉学时代、专业汉学时代[①]。

在以上学者的基础上，本文将从主流诗学（mainstream poetics）的视角出发，探讨英国汉学家在不同历史时期对中国古典诗歌采取的译介策略及其演变轨迹。所谓主流诗学，是指一个时期内最受追捧或研究最多的文学类型，以及批评家根据此类型建立起的批评概念（Lefevere，2004）。基于此，笔者将英国汉学家对中国古典诗歌的译介历程大致分为四个阶段：转译阶段（18 世纪末期以前）、格律体译诗阶段（18 世纪末期至 20 世纪初期）、自由体译诗阶段（20 世纪上半叶）、多元化译诗阶段（20 世纪下半叶至今）。每一阶段都呈现出鲜明的时代特色和译介侧重点。下面我们就分别展开论述。

2　转译阶段

转译指需要借助至少一种中介语完成的翻译行为（Toury，1995；方梦之，2019）。中国古典诗歌在英国的初期译介（14 世纪至 18 世纪末期）呈现出鲜明的转译特征，这一时期的古诗英译主要依赖于其他欧洲国家汉学家的翻译。

在地理大发现时代到来之前，东西方的交通极为不便，为数不多的商人、旅行家、传教士曾成功地从欧洲来到中国，通过游记、书信、报告等文字形式记录中国。14 世纪的欧洲汉学家得益于意大利旅行家马可 · 波罗（Marco Polo）、鄂多立克（Odoric of Pordenone）等西方旅行家关于东方的描写。譬如，马可 · 波罗的游记中提到了“东方的乐土”契丹（Cathay，泛指中国北部地区），并称赞：“全世界所有的皇帝、所有基督徒和撒拉

① 关于英国汉学分期的问题，仍有争论，比如，有学者将其分为“萌芽期、初创期、成熟期、发展期、繁荣期”；也有学者将英国汉学史分为前汉学时期（17 世纪至 18 世纪）、传教时期（19 世纪初期至 19 世纪 70 年代）、后传教时期（19 世纪 70 年代至 20 世纪上半叶）以及专业汉学时期（当代 20 世纪下半叶至今）；还有学者认为，汉学真正形成是在明末兴起的“西学东渐”和“中学西传”的互动之中。

逊人的国王，他们一起拥有的权力或取得的成就都无法超过大汗忽必烈”（转引自张隆溪、张炼，2022：7）。诸如这样的描述令遥远的东方一举成为欧洲冒险家的心之所向（方重，1939）。几个世纪后，美国诗人、翻译家庞德还以该词命名其英译中国古典诗歌诗集 *Cathay*（《华夏集》），而后钱钟书（2002）译回，称其为《契丹集》。自此，英国人也开始对中国有所耳闻，而后在英国文学中也零星出现了一些中国元素或形象。在英国散文之父曼德维尔（John Mandeville）书写的《曼德维尔游记》（*The Travels of Sir John Manderville*，1357）中，东方被构建为一个奇幻的乌托邦世界（Denny & Sankey，1973）。“英国诗歌之父”乔叟（Geoffrey Chaucer）的《坎特伯雷故事集》（*The Canterbury Tales*，1387—1400）提到成吉思汗、忽必烈汗等人的故事（Chaucer，1996：231）。早期欧洲人眼中的中国富足、神秘，被赛义德（Edward Wadie Said）称为“东方化的东方”“想象的东方”（Said，1978：6）。这些形象和故事进入英语诗歌，长久盘旋在英国文学中，并影响了后来译介中国古典诗歌的译者。

英国人对中国古典诗歌的最早译介，出自英国学者乔治·普滕汉（George Puttenham）之手（张弘，1992；黄鸣奋，1997）。他在 1589 年出版的《英文诗艺》（*The Arte of English Poesie*）一书中，探讨英语诗歌格律、诗体等诗学问题时，翻译了两首中国古诗，并与希腊诗歌中阿克纳利翁的“蛋形”诗（Anacreon's egg）（见图 1）做了比较。普滕汉从一位长期旅居中国并到过鞑靼宫廷的意大利绅士那里听闻到有关中国诗歌的只言片语，譬如，中国人喜欢用韵，会以菱形、四方形或其他几何形状排列诗行，并将诗刻在黄金、珠宝、玉石等材质上赠予情人等。受此启发，普滕汉翻译了两首汉诗，排列成菱形（见图 2），而这两首诗的内容也围绕“鞑靼”（Tartary）、“可汗”等主题展开（Puttenham，1970）。他的译诗策略披着“想象”的面纱，中国古典诗歌宛如镜中花水中月，神秘又异域。

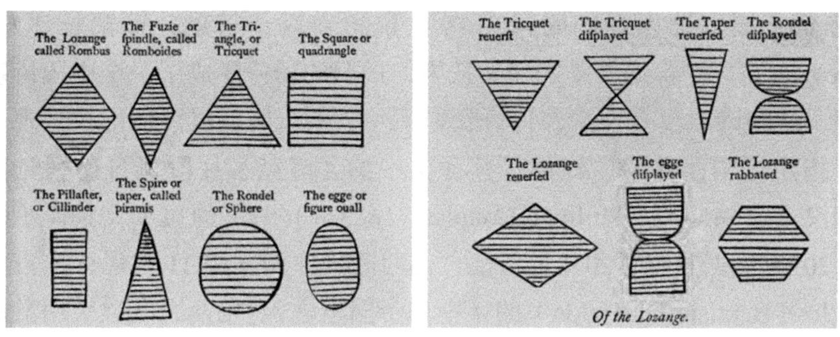

图 1　“蛋形”诗（Puttenham，1970: 105-106）

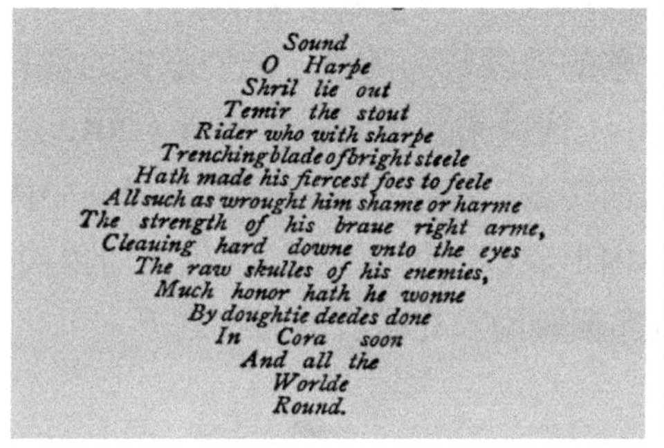

Sound
O Harpe
Shril lie out
Temir the stout
Rider who with sharpe
Trenching blade of bright steele
Hath made his fiercest foes to feele
All such as wrought him shame or harme
The strength of his braue right arme,
Cleauing hard downe vnto the eyes
The raw skulles of his enemies,
Much honor hath he wonne
By doughtie deedes done
In Cora soon
And all the
Worlde
Round.

Fiue
Sorebatailes
Manfully fought
In bloudy fielde
With bright blade in hand
Hath Temir won & forst to yeld
Many a Captaine strong & stoute
And many a king his Crowne to vayle,
Conquering large countreys and land,
Yet ne uer wanne I vi cto rie,
I speake it to my greate glo rie,
So deare and ioy full vn to me,
As when I did first con quere thee
O Kerme sine, of all myne foes
The most cruell, of all myne woes
The smartest, the sweetest
My prowde Con quest
My ri chest pray
O once a daye
Lend me thy sight
Whose only light
Keepes me
Aliue.

图 2　普滕汉译诗（Puttenham，1970: 107）①

彼时，英国诗歌历经了中古英语时期（11 世纪至 15 世纪）和文艺复兴时期（15 世纪后期至 17 世纪初）（王佐良、金立群，2016）。通过译介欧洲，尤其是法国和意大利的诗歌，英国逐渐建立起自己的英诗传统。例如，彼特拉克诗体（Petrarchan）经莎士比亚之手，演变为十四行诗（sonnet）。英国译者们纷纷对诗歌形式进行探索，并将其运用到译诗实践中。另外，英国又放眼东方。大约从 17 世纪至 18 世纪，欧洲（特别是法国）耶稣会士带回了大量记录当时中国制度、文化、思想等信息的第一手资料，这与欧洲启蒙运动时期新保守主义的诉求不谋而合，由此掀起了 18 世纪风靡欧洲的“中国热”（Chinoiserie）。1761 年，英国人托马斯·珀西（Thomas Percy）翻译出版了中国小说《好逑传》（*The Pleasing*

① 普滕汉的书中未见汉诗原文，后续会进一步挖掘。

History）。该书第四卷的附录中收录了20首汉语诗歌，篇幅长达60页（Percy，1761）。黄培希（2014）认为，珀西的译诗形成了一个中国诗歌的专题。这些诗歌没有押韵，诗行长短不一，不分节，以散体形式呈现。有学者指出，珀西并不懂汉语，其译文中的《诗经》片段来自比利时传教士兼汉学家柏应理（Philippe Couplet，1623—1693）的拉丁文翻译（范存忠，2010）。据耿强（2018）考证，珀西明确注明其中11首译诗出自杜赫德（Jean-Baptiste Du Halde）的《中华帝国全志》。珀西之所以采用散体形式翻译诗歌，是因为他试图通过《好逑传》介绍中国的方方面面，并将这部小说视为展现中国文化的一个样本。

在漫长的几个世纪里，英国人对中国古典诗歌了解甚少。这一时期的译者主要是作家，他们对中国诗歌的处理较为随意。他们掌握的资料有限，译介零散，可谓是"译中之译"（钱钟书，1940；贺昌盛，2012）。当时，英国译者主要依赖其他欧洲国家传教士汉学家的翻译。在译介中国古典诗歌时，他们将诗歌作为勾勒中国形象的"佐证材料"，仅是简单摘取，一带而过，使得中国古典诗歌的真实面貌隐没在朦胧的面纱之下。

3 格律体译诗阶段

第二阶段（18世纪末至20世纪初）特征鲜明，当时英国诗界浪漫主义大行其道，格律诗盛行，英国汉学蓬勃发展。1792年（乾隆五十七年），英国首次派遣使团来华。此后，英国逐渐增派本土传教士到中国，如马礼逊（Robert Morrison）、米怜（William Milne）、麦都思（Walter Henry Medhurst）、艾约瑟（Joseph Edkins）等。他们渐渐摆脱了对欧洲耶稣会士如利玛窦（Matteo Ricci，1552—1610）等人汉学研究著作的依赖。英国传教士在传教的同时，开始展开中国语言研究、语言字典编纂以及对中国文学作品的介绍。

以马礼逊为例，他沿用意大利耶稣会传教士利玛窦"援儒入耶"的传教策略，学汉文，读汉书，编纂《华英字典》（*A Dictionary of the Chinese Language*）[①]，创办杂志。为培养在华传教人才，他还创建了英华书院，成

① 1815年出版的马礼逊字典原被称为《汉英字典》。近年来，学术界更多将其称为《华英字典》。1998年日本出版的复刻本也将马礼逊的三部六卷字典总称为《华英字典》。

为第一位在中英文化交流中产生重大影响的传教士。马礼逊将许多中国典籍翻译成英文，此举推进了中国文学西传的速度，加深了英语世界读者对中国文学的了解（葛桂录，2017）。他还著有《中文英译》（*Translations from the Original Chinese*，1815）。该书配有详细注释，但并非专攻诗歌的译本，而是更多关注文化习俗。马礼逊之后，麦都思、艾约瑟、理雅各（James Legge）等人都以传教士的身份来华，他们的使命都在于向中国传播基督福音。尽管传教士们在中学西传上建立了不可磨灭的功勋，无奈囿于使命约束，他们常常自觉或不自觉站在帝国强势的立场上，以“他者”视角审视中国。外交官身份的汉学家们，如伦纳德·斯当东（George Leonard Staunton）、托马斯·斯当东（George Thomas Staunton）、德庇时（John Francis Davis）、威妥玛（Thomas Francis Wade）、翟理斯（Herbert Allen Giles）等也不例外。

不过，无心插柳柳成荫，传教士和外交官们的译介活动促成了英国译者对中国古典诗歌的首次译介盛况。葛桂录（2017）指出，19 世纪英国最引人注目的汉学成就就是对中国古典文学的翻译，因而 19 世纪又被称为“浪漫主义汉学”（Romantic Sinology）时期（Kitson，2013）。该时期的主要译者有理雅各、德庇时、翟理斯，被誉为 19 世纪英国汉学的三大代表人物（江岚，2009）。

德庇时是第一个全面英译中国文学的翻译家，他把中国的小说、戏剧和诗歌从汉语直接译为英语，结束了 19 世纪之前从拉丁语、法语转译中国文学的历史（赵长江、赵家红，2023）。德庇时青年时代就投身外交事业，其著作《中国概览》（*The Chinese: A General Description of the Empire of China and Its Inhabitants*）（Davis，1836）风行西方。此外，他还重译了《好逑传》。德庇时（Davis，1829a）亦在该书序言中坦言，为了较准确地韵译书中诗歌，他花费了相当于译整个著作其他部分的力气。他坚决反对散文化翻译，译诗时一概以韵体译之。他还在《汉文诗解》（Davis，1829a）一书发表译诗见解，提及翻译诗歌时，如果原文每行有固定字数，且节奏和韵律明显（如一般的五言、七言律诗和其他韵文）应尊重汉诗格律，大都以每个诗节四行、每两个相邻诗行或隔行押尾韵的形式翻译，每个诗行对应汉诗一个诗行，译文从不跨行，且标注声调。内容方面则采取逐字直译（Davis，1829b）。以《诗经·国风·召南》中的《鹊巢》为例，德庇时在译该诗前附上了原诗，并对原诗做了详细解释，从《诗经》在儒家的地位、其流传度以及诗歌的大体内容，到诗学特征的分析，如诗形整齐，有重复性结尾，类似英语中的叠句（refrain）等（Davis，1829b）。

原诗：

維鵲有巢
之子于歸
維鳩居之
百兩御之

維鵲有巢
之子于歸
維鳩方之
百兩將之

維鵲有巢
之子于歸
維鳩盈之
百兩成之

（Davis，1829b：423）

译诗：

The nest yon winged artist builds,
The robber-bird shall tear away:
—So yields her hopes th'affianced maid,
Some wealthy lord's reluctant prey.
…

（Davis, 1829b：423）

限于篇幅，在此仅节选译诗第一节。德庇时译诗诗形规整，与原诗一样保持三个诗节，压“abab”尾韵。比如，在第一节中，“builds”与“maid”押韵，“away”与“prey”押韵，四步和五步抑扬格交替出现。德庇时是中西诗学比较研究的早期探索者，对中国诗歌艺术形式的探讨较为全面，论述涉及中国格律诗创作的几大基本要素：平仄、押韵和对仗，基础是四声。他还论及中国诗歌的字数、节奏停顿，甚至延及汉语语言自身的发音特点，以及有利于诗歌创作的诸多特性。基于此，他坚持韵译并不呆板。

另一位具有代表性的译者为理雅各，英国传道会派遣的传教士，在中国办学与传教长达30年。他翻译了诸多中国典籍，开启了西方汉学的新纪元，同时也是英国汉学独立的奠基人之一。在古典诗歌领域，理雅各翻译了《诗经》《楚辞》《离骚》《古诗源》。其后的西方学者、翻译家大多依仗他对中国经典的翻译、注释和介绍（朱徽，2009）。值得注意的是，理雅各英译《诗经》有三个不同的版本，最终版本遵从维多利亚诗歌工整的韵律规则，用抒情诗体、抑扬格四音步英译了《诗经》。然而，初译本却为散体译本（1871年版本）。理雅各在该版序言中声明《诗经》不值得用韵文来翻译（Legge，1871）。而几年后的1876年版本，他却选译《诗经》中道德意味较为明显的114首诗歌，作为节译本出版，编入穆勒（Max Müller）主编的《东方圣书》（*The Sacred Books of the East*）第三卷。此举除了符合其宗教信仰，也迎合了当时英国诗歌韵体诗的主流，是该时期汉学家译诗共性，以确保译文能在精英文化界传播（葛桂录，2017）。理雅各本人也称用地道的英语诗歌形式来翻译是“穿着英国服装的中国诗歌”（Legge，1879：430）。在最终版译本中，他甚至使用了英语民谣（ballads）、英雄联韵体（heroic couplet）等诗体翻译《诗经》。

以《诗经·周南·关雎》为例，其中，“窈窕淑女，君子好逑”的翻译很好地彰显了韵体版中理雅各翻译风格的改变。在散体版中，对应译文为“The modest, retiring, virtuous, young lady: — For our prince a good mate she”（Legge，1871：1）；在韵体版中，两行变成四行，被改译为“From them our thoughts to that young lady go, / Modest and virtuous, loth herself to show. / Where could be found, to share our prince’s state, / So fair, so virtuous, and so fit a mate?”（Legge，1876：59）。冯全功、董文洁（2021）比较理雅各前后两种译文，认为韵体译文存在明显的语义增添、显化和重复现象，很大程度上是由于理雅各韵体译诗押韵的需要，有时甚至不惜牺牲原文的简洁性。

作为外交官的翟理斯，出身文学世家，其父约翰·艾伦·翟理斯（John Allen Giles，1804—1884）是英国久负盛名的作家。起初，翟理斯作为见习议员来到中国，后长期任英国驻华外交公职，前后历经26年。在华期间，他大量翻译历史、文学、哲学、宗教等方面的中国典籍，编撰出版了首部《中国文学史》（*A History of Chinese Literature*，1901）。翟理斯颇为尊重中国文化，曾谈及只要忠实地考察过中国文学，就能明白中国人那古老的骄傲、自负和排外的缘由（Giles，1884）。此外，翟理斯选译的《古今诗选》（*Chinese Poetry in English Verse*）多次再版，影响深远。纵观其翻译，他算得上是英国维多利亚时期格律体英译中国古典诗歌最具代表性的翻译家。他对抑扬格五音步（iambic pentameter）的运用炉火纯青，深得当时读者欣赏。据吴伏生（2012）考证，不论是在当时的欧洲还是英国，翟理斯都因译介中国古典诗歌声名鹊起，获得了当时一位汉学家能得到的所有殊荣。然而，国内学者对其评价褒贬不一。有学者批评其译文趁韵，颠倒词语，增删词以凑韵（吕叔湘，1980）。也有学者认为其立足于英国文化和文学规范译诗，译诗策略较为灵活，会依据不同的诗情与诗意，对原诗进行形式多样的重构（朱徽，2009；张保红，2019）。翟理斯的确以英诗的诗体形式改写了四言体《诗经》，此处试取《氓》一诗为例。

原文：

氓

氓之蚩蚩，抱布贸丝。
匪来贸丝，来即我谋。
送子涉淇，至于顿丘。
匪我愆期，子无良媒。
将子无怒，秋以为期。
……

（《诗经 · 卫风》）

译文：

TO A MAN

You seemed a guileless youth enough,
Offering for silk your woven stuff;
But silk was not required by you:
I was the silk you had in view.
With you I crossed the ford, and while

We wandered on for many a mile
I said, "I do not wish delay,
But friends must fix our wedding-day...
Oh, do not let my words give pain,
But with the autumn come again.
...

（Giles, 1965：295–296）

原文是先秦古风四言诗，翟理斯译诗格律为抑扬格四音步，韵式为联韵（aabb），诗形采用了十行诗节，全文共六节。张保红（2019）认为，翟理斯在重新组构译文时，并非一味固守原诗句二三式或四三式的顿歇模式来建行，而是根据英诗的音韵、节奏等方面的需要，适时做出前后顺序的调整。这无疑彰显了其在翻译过程中诗体建构的统一性以及表现方法的灵活性。

虽然汉学的兴盛对中国古典诗歌的译介有着直接的推动作用，一定程度上决定了译诗的内容，然而由于诗歌文本的特殊性，以何种形式译介古典诗歌，还要考察主流诗学的影响。韵体译诗的背后是英国诗歌的一片绚烂。从 16、17 世纪的文艺复兴时期到 17 世纪后期至 18 世纪中期的启蒙运动，英国诗人的诗歌创作中随处见韵，格律体诗歌大行其道。18 世纪英国文学界推崇古典主义，亚历山大·普柏（Alexander Pope）成为英国文学史上第一个职业作家，被誉为英国诗坛之冠，他对英语双韵体的运用炉火纯青（王佐良、金立群，2016）。英国诗坛自 18 世纪至 19 世纪，从古典主义到浪漫主义，涌现出各种韵诗，这也影响着英国译者的译诗策略。但韵诗并不是一个固定的模式，同样充斥着复杂与多样，譬如，斯宾塞诗体、莎士比亚十四行诗体、长诗、诗剧，以及新古典主义诗歌中的英雄双韵体。尤其是 19 世纪，浪漫主义诗歌席卷英国，涌现了威廉·布莱克（William Blake）、罗伯特·彭斯（Robert Burns）、威廉·华兹华斯（William Wordsworth）、乔治·拜伦（George Gordon Byron）、波西·雪莱（Percy Bysshe Shelley）、约翰·济慈（John Keats）、阿尔弗雷德·丁尼生（Alfred Tennyson）、罗伯特·布朗宁（Robert Browning）等诸多大诗人。他们的诗歌韵律变换更加丰富多样，形成了一个强大的浪漫主义韵诗主流。当时英国译者在译诗之时，很难不去考虑主流诗学问题，因为每一种主流诗学在一段时间内凝固并控制该文学系统的动态变化（Lefevere，2004）。除了三大巨擘外，以维多利亚英诗“装扮”中国古典诗歌的译者还有丁韪良（William Alexander Parsons Martin）、伯德（Charles Budd）、威廉·坚宁士（William Jennings）、克莱默–宾（Launcelot Alfred Cranmer-Bying）、威廉·约翰·弗莱彻（William John Bainbrigge Fletcher）、阿连璧（Clement Francis Romilly Allen）等人。余苏凌（2015）概括该时期英国译者译介中国古典诗歌翻译具有两大显著特征。其一，除了理雅各最初以散体英译《诗经》外，其他重要译本都采取诗体译诗，以各种英语步格和韵式翻译中国古典诗中的杂言、四五言以及七言诗。其二，在译诗的选择上，译者多以《诗经》为主。汉学家主体多关注儒家经典，对《诗经》的译介经学大于诗学，虽译中国古典诗歌，但仍用于体现儒家思想或是佐证道德文化。

但不可否认，英国传教士和外交官在汉诗英译方面做出了开拓性的历史贡献。该时期的汉学家们普遍倾向于从英国当时的主流诗体出发，终汇成韵体译诗的主流，使得中国古典诗身穿“英式服装”。其面貌在各种英式诗形中犹抱琵琶半遮面，但却逐渐鲜活清晰起来。

4 自由体译诗阶段

该阶段萌生于20世纪初左右，贯穿前半个世纪。这一时期，不少传教士与外交官出身的汉学家功成身退，进入学院执教，见证了英国传统汉学向现代汉学的过渡。同时，专业译者开始出现，他们学习汉语源于对东方的兴趣，翻译古典诗歌并非为了“传道”或“升职”，而是开始关注诗歌本身，譬如，狄金森（Harry T. Dickinson）、罗素（Bertrand Russell）、楚辅彦（Robert Travelyan）等人，他们既非传教士，也非外交官，而是学者。阿瑟·韦利（Arthur Waley）是狄金森的学生之一，受其影响对中国文化产生了兴趣。韦利在《欠中国的一笔债》（*Our Debt to China*）一文中用“有闲”（men of leisure）（Waley，1940：554）概括这一时期汉学家的特征，评价他们的目的只是想多了解一些这个世界；譬如，诗人、教授或思想家到中国并非为了传教、贸易、做官或打仗，而是老老实实地交友与学习。

以韦利为例，他一方面不断将中国古代典籍、诗歌与小说等译介至英语世界；另一方面，作为出身剑桥的学者型汉学家，他在翻译观念与文本选择上又体现出与传教士或外交官出身的汉学家不同的现代意识（杨莉馨、白薇臻，2020）。韦利（Waley，1946）提出由于汉、英两种语言之间的区别，根本无法在英语中复制出汉诗的韵律，尤其是与英诗经常换韵不同，汉诗常常通篇使用一个韵脚。在译诗中使用韵脚，难免会削弱译文的活力或损害译文的直译效果。因而，韦利（Waley，1919）坚持采用自由体译诗，因为他认为译者可以在译文中再现汉诗的基本节奏，而节奏正是诗歌的魅力所在。韦利以其实践证明了摒弃套用格律体译诗的优势，灵活地把握与体现原诗的节奏，用英语的一个重读（stress）来翻译古典诗歌中的一个汉字，以重音形成节奏，体现诗歌的音乐感。与韦利同时代的英国汉学家克莱默－宾、弗莱彻等人，都沿袭格律体译诗。以李白的古体诗《月下独酌》为例，我们对比韦利的译本和弗莱彻的译本如下。

原诗：

月下独酌·其一

李白（唐）

花间一壶酒，独酌无相亲。
举杯邀明月，对影成三人。
月既不解饮，影徒随我身。
暂伴月将影，行乐须及春。
我歌月徘徊，我舞影零乱。
醒时同交欢，醉后各分散。
永结无情游，相期邈云汉。

译诗：

韦利译诗

A cup of wine, under the flowering trees;
I drink alone, for no friends is near.
Raising my cup I beckon the bright moon.
For he with my shadow will make three men.

The moon, also is no drinker of wine;
Listless, my shadow creeps about at my side.
Yet with the moon as friend and the shadow as slave.
I must make merry before the Spring is spent.
To the songs I sing the moon flickers her beams;
In the dance I weave my shadow tangles and breaks.
While we were sober, three shared the fun;
Now we are drunk, each goes his way,
May we long share our odd, inanimate feast,
And meet at last on the Cloudy River of the sky.

（Wayley，1937：27）

弗莱彻译诗

WE THREE

One pot of wine amid the flowers
　Alone I pour, and none with me.
The cup I lift; the Moon invite;
　Who with my shadow makes us three.
The moon then drinks without a pause.
　The shadow does what I begin.
Tile shadow, Moon and I in fere
　Rejoice until the spring comes in.
I sing: and wavers time the moon.
　I dance: the shadow antics too.
Our joys we share while sobers still.
　When drunk, we part and bid adieu
Of loveless outing this the pact,
　Which we all swear to keep for aye.
Tile next time that we meet shall be
　Beside yon distant milky way.

（转引自吕叔湘，2002：122）

同时代的韦利和弗莱彻在译诗策略上有着明显的差别。前者整体诗形较为松散，长短不一，表现出不规则性，重读音节也因行而异；而弗莱彻的译本则较为规则，整体为一首地道的抑扬格四音步英诗，带着明显的尾韵特征，四行为一韵节，压交叉韵（abab）："me" 和 "three"，"begin" 和 "in"，"too" 和 "adieu"，以及 "aye" 和 "way"。

主流诗学的强大韵律系统会影响译者的译诗策略，可主流诗学本身也是一个开放且变换的系统。1908 年，英国著名批评家斯特莱齐（Lynton Stratchey）称赞翟理斯的汉译诗是当时的最佳诗作（Teele，1949）。而十年后，韦利因放弃格律体译诗名扬四海，这背后是英国现代诗的崛起。20 世纪上半叶，英国诗坛风云万变，呈现出复杂多样的态势，风格各异的诗歌作品在相互对抗和对话中寻求自身的发展。章燕（2008）指出，与美国 20 世纪注重形式的实验与创新不同，英国诗歌在这一时期更加注重对传统诗形式的继承与发展，寻求新的表达方式与途径。T. S. 艾略特、迪兰・托马斯（Dylan Thomas）以及由传统走向现代的叶芝（William Butler Yeats）等诗人，开始突破传统格律。韦利与许多当时的现代派诗人交往密切，他还将自己的译诗寄与叶芝、庞德、艾略特等人，与他们探讨译诗，反思韵体译诗之流弊。韦利矢志于将汉诗以诗歌的形式介绍给普通的西方读者，让这些读者喜爱汉诗。他在选材上偏好能直译又不失为文学翻译的篇章（Waley，1946），以期英国读者能更清晰地领略原诗，感受原诗的简洁。他的译本也对现代诗歌产生了影响，帮助诗人们驱散维多利亚臃肿诗风的影响。1953 年，韦利因译诗荣获"女王诗歌奖"，得到文学界的公认。谁曾料想，1916 年韦利的《中国诗选》（*Chinese Poems*）还是个人集资，仅印了 50 册并限于朋友间传阅。三十年间，《汉诗一百七十首》（*A Hundred and Seventy Chinese Poems*）再版了 12 次，至今仍为学界津津乐道。

韦利没有彻底断绝与传统的联系，但他以节奏成功"突围"格律体译诗，占据了英国 20 世纪译诗界的半壁江山。自由体译诗从此在英国与格律体诗歌并行至今。除了诗体以外，葛文峰（2014）还梳理了该时期汉学家的译诗倾向，即译诗的选择逐渐从《诗经》转移到更多的唐宋诗，以及历朝历代的其他诗体，比如，弗莱彻就是最早译介唐诗选集的译者。在英国诗学的变迁中，通过不同的诗体译诗策略、不同的诗学争锋，中国古典诗歌的容貌日渐明晰。

5 多元化译诗阶段

二战后，英国进入专业汉学时代，大学纷纷开设汉学课程，研究汉学的专刊数量与日俱增。汉学研究机构不再依附于教会或政府部门，出现了一批学养深厚的教师和学员，学科发展出现了规模化和专业化的特点。与20世纪前半期相比，英国涌现出一批受过汉学专业训练的汉学家，他们学习汉学源于对东方的兴趣，研究汉学是为了了解世界文学遗产的一部分（熊文华，2007；关诗珮，2017）。此时，英国也进入了当代文学时期，以50、60年代菲利普・拉金（Philip Larkin）为代表的运动派诗人力图恢复18世纪以前的英国诗歌特色，70年代西默斯・希尼（Seamus Heaney）的地域性以及抒情倾向，以及作为后现代诗歌代表的阿米提基（Simon Armitage）的反传统特质等，构成了当代英语诗歌的多元与复杂，但仍不难看出英国诗人对传统的延续，许多诗歌仍充满着音韵之美。

结合时代背景来看，尽管这一时期汉诗英译的中心已由英国转移到了美国（张智中，2017），但英国汉学仍在稳步发展，对中国古典诗的译介也未终止。葛瑞汉（Angus Charles Graham）与霍克斯（David Hawkes）师承韦利，在译诗中注重诗歌的音乐性，并尝试用规则的散文体以及现代诗传递诗歌节奏与音乐性。以霍克斯为例，除了英译《红楼梦》（其中包含190余首词曲赋），他还英译了《楚辞》以及杜甫的诗。在翻译杜甫的诗时，霍克斯（Hawkes，1967）感慨古典诗歌音韵难题十分棘手，翻译时原诗的韵律和音乐效果会消失。不过，他反对以音韵害意，面对不同的文本会采用不同的译诗策略。在英译《红楼梦》中的诗词时，他常用传统的格律体①，而在译杜甫的诗歌时，他先标注出拼音，再逐字翻译（transliteration），然后加以诠释，最后以散体译之（Hawkes，1987），还出现了现代诗才有的跨行特征；在翻译《楚辞》时，他则灵活用韵②。在内容上，霍克斯尊重原文，不套用西方文化，增加大量注释，坚持译研相辅。霍克斯的兴趣所

① 详情见 David Hawkes, *The Stroy of the Stone* I & II & III. London: Penguin Books, 1973.

② 详情见 David Hawkes, *The Songs of the South: An Ancient Chinese Anthology of Poems*. London: Penguin Books, 1985.

在是文学本身，《楚辞》、杜甫的诗、《红楼梦》都是中国文学的经典之作。他称得上是一流的专业学者与译者。

至今，英国依旧不断涌现出优秀的汉学家，如闵福德（John Minford）、蓝诗玲（Julia Lovell）、克拉拉·M. 甘淋（Clara M. Candlin）、杜博妮（Bonnie S. McDougall）、吴芳思（Frances Wood）、菲利普·华兹生（Philip Watson）等，他们关注中国的各个方面，翻译并研究自己真正感兴趣的某个领域。比如，华兹生倾心于宋代诗歌，在继承英国韵体译诗传统的同时，译研结合，并在选材上有所突破，对宋代诗歌纵深开掘，重视绝句四行诗形与音乐性传递。他认为美国译者在翻译中国古典诗歌时，“多不注重诗歌中韵律，充其量只是有趣的北美现代诗歌”（Wastson，2022：26），因此以韦利、霍克斯为榜样，继承英国汉学家译诗时注重诗歌韵律的传统。迄今为止，英国译者将诗歌中音韵的传统在翻译中传承了下来，“揆诸英国的文学史，可以见到，译诗为诗确比散文译诗为优胜”（唐安石，2007：469）。

6　结语

纵观英国汉学家翻译中国古典诗歌的历史进程，可以清晰地看到一个从转译到直接翻译、从模仿到创新、从局限到开放的发展脉络。这一发展历程背后，折射的是英国汉学的发展、崛起与式微，其主流诗学的发生、形成与变换。在翻译中探源诗学交流问题，通过比较英语诗歌史上的诗歌创作特点，考察译诗的语言特点等（范祥涛，2022），了解英国汉学家历史上的译诗活动及其诗学追求，对于推动中国古典诗歌“走出去”在具体的翻译策略、文化策略，以及提升中华文化国际影响力方面具有重要意义。在翻译研究领域，将主流诗学引入中国古典诗歌英译的考察，有助于拓展文学翻译研究的理论视野，深化对翻译本质的认识，对于从事古典诗歌汉译英的中国译者，也有拨云见日之启示作用。

参考文献

CHAUCER G, 1996. The Canterbury tales: illustrated edition [M]. Coghill N, Trans. London: Loepard Books.

DAVIS J F, 1829a. Poeseos sinensis commentarii: on the poetry of Chinese [M].

London: Asher and Co.

DAVIS J F, 1829b. The fortunate union, a romance, with notes and illustrations [M]. London: Oriental Translation Fund.

DAVIS J F, 1836. The Chinese: a general description of the empire of China and its inhabitants [M]. New York: Harper & Brothers.

DENNY N, SANKEY F, 1973. The travels of Sir John Manderville. London: William Collion Sons & Co. Ltd.

GILES H A, 1884. Gems of Chinese literature [M]. London & Shanghai: Bernard Quaritch, Kelly & Walsh.

GILES H A, 1965. Gems of Chinese literature [M]. New York: Paragon Book Reprint Corp & Dover Publications.

HAWKES D, 1967. A little primer of Tu Fu [M]. Oxford: Oxford University Press.

HAWKES D, 1987. A little primer of Tu Fu [M]. Hong Kong: The Chinese University Press.

KITSON P J, 2013. Forging romantic China: Sino-British cultural exchange 1760–1840 [M]. Cambridge: Cambridge University Press.

LEGGE J, 1871. The Chinese classics: with a translation, critical and exegetical notes, prolegomena, and copious indexes [M]. Hong Kong & London: Lane, Crawford & Trübner.

LEGGE J. 1876. The book of poetry [M]. London: Trübner.

LEGGE J. 1879. The texts of Confucianism [M]. Oxford: Clarendon Press.

LEFEVERE A, 2004. Translation, rewriting, and the manipulation of literary fame [M]. Shanghai: Shanghai Foreign Language Education Press.

PERCY T, 1761. Hau Kiou Choaan, or, the pleasing history [M]. London: Robert Dodsley.

POLO M, 1968. The travels of Marco Polo [M] Latham R, Trans. London: Folio Society.

PUTTENHAM G, 1970. The arte of English Poesie [M]. Kent: The Kent State University Press.

SAID E W, 1978. Orientalism [M]. New York: Panthoen Books.

TEELE R E, 1949. Through a glass darkly: a study of English translation of Chinese poetry [M]. Ann Arbor: University of Michigan Press.

TOURY G, 1995. A lesson from indirect translation [C]//In TOURY G, Descriptive translation studies - and beyond. Amsterdam: John Benjamins Publishing Company: 129-146.

WALEY A, 1919. A hundred and seventy Chinese poems [M]. New York: Alfred A. Knopf.

WALEY A, 1937. The book of songs [M]. Boston & New York: Houghton Mifflin Company.

WALEY A, 1940. Our debt to China [J]. The asiatic review, (July): 554-557.

WALEY A, 1946. Chinese poems [M]. London: George Allen and Unwin Ltd.

WATSON P, 2022. 170 Chinese quatrains classical Chinese poetry of the Song Dynasty (960–1279)[M]. York: John Newbery Press.

范存忠，2010. 中国文化在启蒙时期的英国 [M]. 上海：译林出版社.

范祥涛，2022. 中华典籍外译研究 [M]. 北京：外语教学与研究出版社.

方梦之，2019. 翻译学辞典 [Z]. 北京：商务印书馆.

方重，1939. 英国诗文研究集 [M]. 上海：商务印书馆.

冯全功，董文洁，2021. 理雅各重译《诗经》中的翻译修改研究——以《国风》英译为分析中心 [J]. 中国文化研究，(4)：160-169.

葛桂录，2017. 20 世纪中国古代文学在英国的传播与影响 [M]. 郑州：大象出版社.

葛文峰，2004. 唐诗选集的最早译介：弗莱彻《英译唐诗选》(I & II) 研究 [J]. 安康学院学报，(6)：22-24+28.

耿强，2018. 副文本视角下 16 至 19 世纪古典汉诗英译翻译话语研究 [J]. 外国语 (上海外国语大学学报)，(5)：104-112.

辜正坤，1998. 中西诗鉴赏与翻译 [M]. 长沙：湖南人民出版社.

关诗珮，2017. 译者与学者：香港与大英帝国中文知识构建 [M]. 香港：牛津大学出版社 (中国).

贺昌盛，2012. 钱钟书早期的“异国形象”研究 [J]. 文学评论 (2)：113-121.

黄道玉，2022. 杜甫诗歌英国译介史研究 [D]. 扬州：扬州大学.

黄鸣奋，1997. 英语世界中中国古典文学之传播 [M]. 上海：学林出版社.

黄培希，2014. 从《诗艺》到《诗选》——20 世纪前英国汉诗英译研究 [J]. 复旦外国语言文学论丛，(2)：10-17.

冀爱莲，2010. 翻译、传记、交游：阿瑟·韦利汉学研究策略考辨 [D]. 福州：福建师范大学.

江岚，2009. 唐诗西传史论——以唐诗在英美的传播为中心 [M]. 北京：学苑出版社.

吕叔湘，1980. 中诗英译比录 [M]. 上海：上海外语教育出版社.

吕叔湘，2002. 中诗英译比录 [M]. 北京：中华书局.

罗怀宇，2022. 诗歌翻译研究：互文性想象与创造性忠实 [M]. 武汉：华中科技大学出版社.

钱钟书，2002. 谈中国诗 [C]// 钱钟书. 钱钟书集·人生边上的边上. 北京：生活·读书·新知三联书店：159-168.

钱钟书，1940. China in the English literature of the seventeenth [C] // 钱钟书. 钱钟书英文文集 2005. 北京：外语教学与研究出版社：82-140.
唐安石，2007. 我怎样译中国诗 [C]// 海岸. 中西诗歌翻译百年论集. 上海：上海外语教育出版社：468-478.
王洪涛，2018. 社会翻译学视阈中中国文学在英国的历时诠释 [C]// 冯全功，卢巧丹. 中国文学译介与传播研究（卷三）. 杭州：浙江大学出版社：405-422.
王丽耘，2012. 中英文学交流语境中的汉学家大卫·霍克思研究 [D]. 福州：福建师范大学.
王绍祥，2004. 西方汉学界的“公敌”——英国汉学家翟理斯（1845—1935）研究 [D]. 福州：福建师范大学.
王佐良，金立群，2016. 英国诗歌选译集 [M]. 上海：上海译文出版社.
吴伏生，2012. 汉诗英译研究：理雅各、翟理斯、韦利、庞德 [M]. 北京：学苑出版社.
熊文华，2007. 英国汉学史 [M]. 北京：学苑出版社.
杨莉馨，白薇臻，2020. 论汉学家之于英美现代主义运动的意义——以阿瑟·韦利为例 [J]. 中国比较文学，（4）：102-115.
余苏凌，2015. 目标文化视角：英美译者汉诗之形式及意象研究（1970—1962）[M]. 上海：上海外语教育出版社.
张保红，2019. 翟理斯汉诗格律体英译探索 [J]. 山东外语教学，（1）：96-107.
张弘，1992. 中国文学在英国 [M]. 广州：花城出版社.
张隆溪，张炼，2022. 比较与 17、18 世纪东西方的相遇 [J]. 中世纪与文艺复兴研究，（1）：3-19.
张智中，2017. 汉语诗歌在英国的译介 [J]. 翻译界，（1）：61-81+154-155.
章燕，2008. 多元·融合·跨越——美国现当代诗歌以及研究 [M]. 北京：人民文学出版社.
赵欣，2008. 十八世纪英国汉学研究 [D]. 杭州：浙江大学.
赵长江，赵家红，2023. 德庇时英译中国文学的文化沟通研究 [J]. 外语教学与研究，（4）：618-627+641.
朱徽，2009. 中国诗歌在英语世界——英美汉学家汉诗翻译研究 [M]. 上海：上海外语教育出版社.

（责任编辑　孙三军）

作者简介： 赵曼，南开大学外国语学院博士研究生，研究方向为诗歌翻译、典籍翻译、中西比较诗学等。

作者电子邮箱： 15620691984@163.com

译介学视域下的文学翻译批评：从文本阐释、译文产出到读者接受

宋静怡
江西农业大学

摘　要： 在全球化和文化转向的时代背景下，谢天振教授提出的“译介学”理论为翻译批评研究提供了新的视角。本文基于译介学理论，围绕文学翻译的三个关键环节——文本阐释、译文产出和读者接受，探讨了翻译批评的现状与问题，并尝试构建一个更为宏观、科学的文学翻译批评范式。在文本阐释阶段，译者应深入挖掘原文的文化内涵与审美意蕴，避免盲目追求字面对等；在译文产出阶段，译者要在忠实传达原文内容的同时，发挥创造性，突破语言的表层束缚，创造性地再现原作的文化意象；在读者接受阶段，译者应重视译作在译语文化语境中的传播效果，将读者反应纳入翻译批评的考量范畴。

关键词： 文化转向；译介学；文学翻译；翻译批评

Literary Translation Criticism From the Perspective of Medio-Translatology: From Text Interpretation and Translation Production to Reader Reception

SONG Jingyi
Jiangxi Agricultural University

Abstract: In the era of globalization and the cultural turn, the “medio-translatology” theory proposed by Professor Xie Tianzhen offers a new perspective for translation criticism research. Based on medio-translatology, this paper discusses the current situation and problems of translation criticism around three key aspects of literary translation: text interpretation, translation production, and reader reception. It attempts to construct a more macro and scientific paradigm for literary translation criticism. In the text interpretation stage, translators should deeply explore the cultural connotations and aesthetic implications of the original text, avoiding blind pursuit of literal equivalence. In the translation production stage, while faithfully conveying the content of the original text, translators should give play to their creativity, break through superficial language constraints, and creatively reproduce the cultural imagery of the original work. In the reader reception stage, attention should be paid to the communication effect of translated works in the target cultural context, and reader response should be included in the consideration of translation criticism.

Keywords: cultural turn; medio-translatology; literary translation; translation criticism

翻译作为跨文化交流的重要桥梁，其复杂性和深刻性日益受到学术界的重视。优秀的翻译作品不仅能促进不同语言文化之间的相互理解和融合，更能推动人类文明的进步与发展。然而，翻译质量的高低直接关系到跨文化交流的效果，因此建立科学、客观的翻译批评体系，对于指导翻译实践、提高译作质量意义重大。

自 20 世纪 80 年代以来，随着“文化转向”的兴起，翻译研究领域出现了诸多新的理论视角和研究范式，为翻译批评的发展注入了新的活力。其中，谢天振教授提出的“译介学”理论尤为引人注目。该理论从文化的角度审视翻译现象，将翻译视为跨文化交流的过程，强调译者在这一过程中的主体性作用，为翻译批评研究开辟了新的思路。

本文作者立足于“文化转向”的大趋势，结合“译介学”理论，对文学翻译批评的三个关键环节——文本阐释、译文产出和读者接受进行了深入探讨，并尝试构建一个宏观和科学的文学翻译批评范式。

1 现代翻译批评研究的三大误区

有翻译实践必然就会产生对译文的批评（刘云虹、许钧，2015）。无论从逻辑角度还是从翻译学科建设与理论发展的需求来看，翻译批评都是学科体系中不可或缺的一环。要实现理论回归指导实践，批评是必由之路，同时也是翻译实践对翻译理论的一种反馈。它是有机结合理论与实践的关键纽带。近年来中国的翻译批评研究取得了一定的发展和进步，诸多学者对目前国内翻译批评研究的问题进行了梳理和概括。从整体上看，结合翻译过程的三个阶段，主要存在以下三个方面的不足。

1.1　文本阐释阶段——对于原文的盲目“忠实”

在进行具体翻译实践之前，译者需要对原文文本进行解构，深入理解其所蕴含的文化内涵、审美价值等多方面的意蕴。遗憾的是，许多翻译批评者在评判译文时，往往首先关注的是译文在内容和信息层面对原文的再现程度。诚然，在传统的翻译理论中，忠实作为评判译文质量的基本标准乃至最高准则有其合理性，译文能否完整传达原文信息的确至关重要。然而，我们需要进一步反思的是，译文究竟应该忠实于什么。

国内的“批评家一直认为作品就是作者意图的最终表达”（谢天振，2015：201），所以在进行翻译批评时，往往将批评的标准集中在译作与原作文字层面的对等程度上。桂乾元（1994）早在20世纪90年代就已经指出，许多评论流于“抓错捉病”，没有从译文本质问题、原作精神风格的传达、译作整体效果等方面对译作进行全面、客观、辩证的评价。不少批评机械套用对“忠实”的狭隘理解，虽然有回归翻译本体，即“文本”研究的意图，但仍然没能突破局限于文本表层的桎梏。即使在今天，仍有相当一部分译者（谢天振称之为“翻译匠”）固守这种盲目的“忠实”观念来从事翻译实践。而批评者们也往往过于关注译文是否全面逐字逐句传达原文字面信息，而忽视了译文在再现原文所蕴含的文化因素、审美元素方面的功力。这样的做法，并非是“忠”，更应称为“盲忠”。

1.2　译文产出阶段——语言层面的束缚

在第二个阶段，即译文产出阶段，译者需要发挥其语言才能，在语言层面对原文进行转换，但不局限于语言本身。译者还应运用自身的文学修养，对原文蕴含的文化意象、作者意图、审美信息等文学层面的内容进行“再创作”，译出钱钟书先生所谓“化境”的译作。遗憾的是，许多翻译批评者往往将评判重点局限在译文句子是否通顺流畅等表面因素上。

随着现代科技的发展，语料库应运而生。它的出现大大改善了批评者费时费力的人工分析过程，在一定程度上提高了译文的正确率以及评价的科学性，为翻译批评开辟了一个全新的视角。近二十年来，运用语料库对译作进行分析和批评的学术论文不计其数。一些学者（如黄勇，2014）指出，借助语料库，我们能更全面、系统地把握原文风格，更科学地与译者风格进行比较分析，更敏锐地捕捉语言风格特点、语言习惯偏离等细节。然而，这类对比分析大多局限于词汇、句法等表层语言形式是否符合译入语规范等浅显问题上。廖七一（2000）在反思语料库研究时指出，我们不能被语料库的巨大优势所迷惑，忽视其局限性；定性分析的重要性往往远超定量分析，在文学翻译领域尤为如此。

目前，通过语料库进行翻译批评的实践尚在起步阶段。许多批评者仍习惯于单凭自身双语知识对译文进行评判。事实上，尤其是在文学翻译批评中，我们更应像谢天振教授一直呼吁的那样，跳出语言表层的束缚，深入探究隐藏在语言符号背后的文化意蕴、审美内涵等更深层次的问题。

1.3 译介传播阶段——与读者的脱节

译者完成具体翻译实践后，译作便进入译入语文化语境，接受来自读者和市场的检验。杨晓荣（2003）曾说，再是名人名著，只要没有读者，作品就毫无意义，译作也是一样的。一部译作无论专家如何推崇，若没有读者愿意阅读和购买，其价值也近乎零。然而在翻译批评中，这一认知往往被忽视。

比如，林少华先生翻译了多部日本作家村上春树的作品，其译作可谓家喻户晓。三十年来，林少华翻译了村上春树43部作品，几乎垄断了中国村上春树作品的译介，由此可见中国读者对林译本的接受程度。然而有部分批评者却因为林译多采用归化策略，致使译文的语句优于原文为理由，批评译作“不合格”。众所周知，译入语文化语境中的伦理道德、意识形态、赞助人等多方面因素均会对翻译造成不同程度的影响。正是林少华先生自身高度的文学修养、高超的文字运用能力造就了其韵味十足的译作，最终使村上春树的文学作品风靡中国文坛，吸引了众多文艺青年的追捧。

一部优秀的原创作品或译作获得广大读者的认可，却因某些标榜“精通双语”的批评者的武断批评而被低估，这是翻译批评界的一大弊病。对“信达雅”标准理解的肤浅化、翻译理论研究的片面化等问题凸显了建构翻译批评理论体系的迫切性。在综合国内外翻译理论研究丰硕成果的基础上，谢天振教授提出的“译介学”以及文化翻译理论为构建宏观的翻译批评范式提供了宝贵启示。

2　译介学视角下文学翻译的三环节

现在，文学翻译和翻译文学的相关研究成果可谓是各有千秋。但纵观研究整体就不难发现，翻译界至今的金科玉律仍然是百年前严复先生提出的“信、达、雅”这三大标准。不过，随着翻译研究的不断深入，学界对“信、达、雅”的内涵与要求也有了更丰富的阐释与补充。本节将以谢天振“译介学”的理论框架为参照，从文化翻译的视角重新审视文学翻译三环节之“信、达、雅”的标准。

2.1　文本阐释阶段——忠实于何物？

“忠实”是翻译的最基本要求。然而，所谓“原文”绝不仅限于表层的文本，更应包括隐藏在字里行间的文化内涵、审美价值等深层意蕴。正如美国文学评论家赫希所言：

> 意思，乃是文本在接受过程中稳定不变的东西，它回答的问题是：“文本说什么？”而意义，指的是文本在接受过程中变化的东西，它回答的问题是：“文本有何价值？”意思是单一的，而意义则让意思与具体情景发生关系，所以它是多变的、多元的、开放的，甚至是无限的。（安托万·孔帕尼翁，2017：78）

由此可见，文本的字面意思与深层意义是有区别的。法国学者孔帕尼翁进一步指出：

> 文本不仅有一个原来的意思（对同代阐释者而言），还有一些后来产生的甚至是张冠李戴的意思（对后世阐释者而言）。它不仅有原初意义（原意与当时的价值观发生关系），还有后代意义（后代人领会的意思与后代的价值观发生关系）。后代的意思有可能等同于原意，不过发生偏离也属正常。（安托万·孔帕尼翁，2017：79）

将这一观点引入翻译的“文本阐释”环节，我们可以发现：译者作为原文意义的阐释者，在解读原文的过程中难免会受到自身价值观、文学观、世界观等主观因素的影响，对原文的文化内涵和审美意蕴产生独特的理解，这本是人之常情，正如我国哲学所言“仁者见仁，智者见智”。

谢天振教授在这一逻辑的基础上进一步指出，作者的创作意图与文本的客观意义之间本就存在差异，译者在翻译过程中阐释的只是基于个人理解的“文本本意”。事实上，早在严复提出“信”的翻译标准时，就已表明“信”绝非仅仅是忠于原文字面，更应涵盖原作的审美层次、文化意向、作者意图、读者感受等文本之外的要素。在中国悠久的译学传统中，译者往往是“隐身”的，读者鲜少意识到手中的译著可能只是原作的一种变异文本。因此，所谓忠实于原文，既包括忠实原文字面信息，又包括忠实原作所蕴含的文化、审美、文学、艺术等多方面的深层“意义”。

2.2 译文产出阶段——传递何种内容？

语言是翻译的载体，但语言与文化是相辅相成、不可分割的共同体。《文化翻译学》作者包惠南、包昂（2000：13–14）在这一认知的基础上提出，正是因为“语言的翻译不仅是语符表层指称意义的转换，更是两种不同文化的相互沟通和移植，翻译活动既涉及两种语言，更涉及两种文化”，所以一定要把翻译研究放到大的文化视野里去做。当今世界文化交融日益频繁，文化交流空前活跃，翻译不仅是不同语言之间沟通的桥梁，作为文化传播的重要途径，其意义也日益凸显。当代译者仅做简单的语言转换已不能满足读者对异域文化的好奇心了。

> 人们不仅要求译文优美流畅，更要求译文能尽可能地完整、准确地传达原作特有的文化意象。否则，无论多么好的译文，如果失落了甚至歪曲了原文的文化意象，那就会使读者感到美中不足，有遗珠之憾，有时还会使读者产生错误的印象。（谢天振，2015：86）

即译者在翻译过程中，在忠实传达原文的基本内容信息之上，还需要创造性地将原作中蕴藏的文化意象以译文读者容易接受的方式译出，力求给译文读者带来与原文读者相似的心理体验，并产生相近的思想感悟。

苏珊·巴斯内特（Bassnett，2002）也把语言比喻为文化有机体的心脏。她指出，即便是对心脏进行手术，也不能忽视其他身体器官。同样，“翻译时也不能冒险将翻译的语言内容和文化分开来处理”（包惠南、包昂，2000：14）。日本资深译者塚本庆一（塚本慶一，2013）在其翻译教材当中也指出，译者在翻译时不仅要译出词与句，还应考虑原文的文化、概念以及思维等各方面，在保持原文特有的思维方式和整体氛围的基础上进行翻译。可见，探讨翻译，既离不开语言，又必须将语言置于文化语境之中。译介学理论中也有类似表述。谢天振认为原作除了基本信息外，还包含丰富的文化意象，这些意象在不同文化间往往存在错位。而识别并创造性地处理这些文化错位，正是译者的职责所在。一些翻译批评者之所以简单地以语言对等程度来评判译作优劣，恰恰源于对这一问题的忽视。

总而言之，尽管语言是翻译的切入点，但随着翻译研究的不断深化和翻译实践领域的不断拓展，将翻译局限于语言层面的观念已不合时宜。在当今“异文化交融”的时代，我们必须关注语言符号背后蕴藏的丰富文化内涵与审美意蕴，以及如何通过译作将其传递到另一文化语境中去。唯有如此，方能称得上一部合格的译作。

2.3 译作传播阶段——影响何在？

谢天振（2015）在谈到翻译与翻译文学时指出，无论是翻译还是创作，都只是一种形式。而翻译文学也是文学作品的一种形式。恰恰就是从这个意义上来说，文学翻译和翻译文学获得了其相对独立的艺术价值。虽然翻译文学不能与原创作品画等号，但其中所包含的译者创造性劳动不可忽略。村上春树本人既是小说家，也是一位翻译家。他曾表示：“翻译学校教授的东西其实是一种技艺，那只是一种形式。如何让这种形式具有生命，让自己实实在在地存在于文章之中，则是每个人的感觉问题”（田建国，2015：56）。村上似乎强调的是译者的主体性，但这一逻辑同样适用于译作的接受者，即广大读者。

由美国语言学家尤金·奈达提出的“功能对等”翻译理论，其核心便是“读者反应”。我国翻译批评研究带头人许钧教授（2018：32）也同样认为，“读者的阅读往往会赋予原作一种价值，这种价值可能是原作固有的，也有可能是读者通过译作所提供的文字而体悟的，可原作本身所没有的”。正因如此，仍然有部分学者坚持认为，即便从严格意义上讲，读者接受度暂时不能作为衡量译作优劣的标准，但还是可以作为翻译批评的重要工具的。

当今世界，越来越多的名家名著都是通过译作而为他国读者所认识、接受和研究的。在这一大背景下，决不能低估翻译文学对各国文学所带来的冲击。因此，通过调研译作的读者接受程度，我们可以更好地了解译作在译入语文化中的传播情况，进而评判译作的真正价值所在，这无疑提供了一个翻译批评的新视角。

3 “文化转向”大势中译介学理论在翻译批评研究中的应用空间

译介学理论是在当今文化全球化的时代背景下产生的。翻译活动涵盖了从选材到译后读者接受的整个过程，因此翻译批评的对象范围也应相应拓展。而译介学提出的理论框架基本上覆盖了翻译的各个关键环节。下面我们将尝试把译介学的相关逻辑与翻译的三个阶段相结合，探讨其在翻译批评领域的应用空间。

3.1 文本阐释阶段——译者与作者的思想交融

优秀的译者在翻译过程中都有自己理想的翻译目标和独特的翻译风格，而这些因素必然会融入译者对原作的解构与重构之中，并最终在译作中得以体现。也就是说，对译者而言，在开始具体翻译工作之前，首先要对原作进行独具匠心的解构。诚然，译者不能像普通读者那样任意阐释原文，但我们不得不承认，译者对原作的理解和阐释与作者的原意之间存在差异是必然的。以兼具文学家和翻译家双重身份的鲁迅为例，他的译作一直被贴上“直译”“死译”的标签，强调对原文的忠实。然而，透过鲁迅的译文，我们感受到的不仅仅是原文字面的信息，更多的是他对封建制度和帝国主义的抗拒，以及对国家变革和思想解放的迫切渴望（李蟠，1986）。正是这些融合了民族文化特质的内涵，构成了鲁迅译作的真正内核，这与原作的意图可谓相去甚远。

译介学理论在开篇即用大量篇幅讨论译者“个性化”翻译的问题。该理论指出，“译者，尤其是优秀的译者，在从事文学翻译时大多有自己信奉的翻译原则”（谢天振，2004：90）。而这种“个性化”原则既非直译，亦非意译，既非归化，亦非异化，而是一种跳出二元对立思维的文化视角。该视角提供了一种新的分析模式，使翻译批评更客观，也更具包容性。以此审视译作，可以避免批评者凭主观臆断，将自己对原作与作者意图的片面理解强加于译者，从而得出武断偏颇的评价。

3.2 译文产出阶段——译者与作者的创作竞争

译介学的核心理论“创造性叛逆”包括误译与漏译、节译与编译两种形式，并进一步将误译分为无意识的和有意识的。其中，由于译者语言或文化功底欠缺而产生的无意识误译并非讨论的重点，译介学核心理论主要论述的是各种有意识的创造性翻译现象。

在译文产出阶段，译者难免会受到译入语文化语境中的文化心理、接受习惯等因素的影响，有意识地采用一些创造性表达方式来传递原文信息。然而，在某些保守传统的批评者眼中，这种创造性的表达却成了对原作的背叛和曲解。例如，很多人认为莫言能够获得诺贝尔奖的根本原因在于其英译者葛浩文的精彩翻译，使莫言的作品在海外得到广泛的传播，并获得众多英语圈读者的认可。有学者细致地发现，《生死疲劳》原文的叙事手法是莫言一贯使用的“历史—家族”民间叙事模式，但葛浩文的英译本中却展现出一种“转序特色”，并指出正是这种“转序特色”吸引了众多西方读者的目光（邵璐，2012：96–101）。由此可见，即便译文在叙事策略上与原作有所背离，只要在文化内涵、审美意趣等方面实现了有效传播，其实就可以对译文给予充分肯定。

实际上，译者与作者之间的特殊“竞争关系”会在译文产出阶段感受明显。除去前述无意识的误译，有意识的误译、节译、编译等创造性叛逆现象，恰恰体现了译者在与作者的竞争中占据了上风。现实情况是，译者必须在这场竞争中胜出，否则译作就难以与译入语文化融合，也就不会被读者所接受。因此，在对译作进行批评时，我们应当厘清其中创造性叛逆的类型，深入理解译文在遣词造句、段落构建等方面的特色之于跨文化传播的意义，将关注的重心更多地放在译文本身，如此方能做出客观公允的评判。

3.3 读者接受阶段——译文与原文的传播扩散

译作其实是原作的生命在异文化圈中得到延续的一种方式。而决定这一生命能否延续的关键是读者，并非译者。许钧（2002：24）曾表示，读者会赋予原作本身所没有的价值，一部著作的价值很可能没有“在其新生地即翻译文学的诞生地大”，在译文诞生地中，原文“在某种意义上拥有了新的生命”。持同样观点的谢天振（2015：100）也指出，“翻译的效果与接受者和接受环境有很大的关系”，并提出“文学翻译中接受者和接受环境的创造性叛逆”也十分“丰富多彩”这一观点。所以，翻译批评也应将读者接受情况纳入考量范围。比如，傅雷、许渊冲、韩沪麟三位大家都曾翻译过《约翰·克里斯朵夫》。但唯有傅雷的译本历经百年仍为广大读者所喜爱。因为傅译既忠实传达了原作内涵，又融入了译者自身的文学视野和人生感悟，实现了作者与译者之间思想的交流与共鸣，彰显了傅雷高超的翻译才华，也充分证明了该译作的成功。不仅是中国译者翻译海外文学作品时如此，外国译者翻译中国文学作品时也有类似的情况，如中国乡土作家贾平凹的文化历史大作《老生》在日本的译介情况。日本文学评论家对《老生》中所蕴含的中国传统文化以及中国革命历史元素给予了较高的评价（丰崎由美，2016；中村和惠，2016），就连著名的汉学家吉田富夫也对中国文学中所展现的人文主义精神多有赞赏（吉田富夫，1961），但是与贾平凹的前作《废都》以及同时期中国作家莫言的作品日译本相比，其读者接受度十分低下。如此一来，《老生》就没有能够在异国他乡延续自己的生命，止步于中国 2012 年的春天。

此外，越来越多的翻译批评者开始重视“读者接受”这一环节，并运用“逆向推演”“双向批评”等方法取得了一系列研究成果。这意味着，翻译批评的对象范围不应局限于译文本身，还应将译文问世后读者的接受反应纳入批评视野。

4　结论

国内最早的文学翻译批评之作《文学翻译批评研究》（许钧，2012）面世以来，国内学界涌现出大量高质量的翻译批评研究著作。再加上一系列颇具代表性的批评案例，如《红与黑》的汉译大讨论（谢天振，2011；许渊冲，2012；仝小雨，2017）等，中国的翻译批评研究无论在理论还是实践层面都有了很大的进步。然而，在“文化转向”这一翻译研究大背景下，现有的翻译批评在思维方式上还存在着若干桎梏。

谢天振提出的译介学理论框架，正是立足于“文化转向”这一宏大视角，突破了传统翻译评价的狭隘局限来审视翻译活动。译介学以解构主义和后解构主义的逻辑为前提，借鉴西方译学研究的最新成果，构建起一个全新的理论体系。该理论从翻译作为跨文化交流的本质属性出发，着眼于译作在文化、文学乃至国际交流中的价值实现，为全面认识和探讨翻译现象提供了崭新的视角。

早在 20 世纪 90 年代，许钧就曾点出我国文学翻译批评范畴、原则及标准等各方面仍处于混沌阶段。在 20 世纪，译介学理论顺应“文化转向”的这一时代潮流，为翻译批评，尤其是文学翻译批评开辟了更为宏阔的发展空间，一定程度回答了许钧的问题。当然，任何理论都需要经受实践的检验。今后还需要通过大量的个案研究，总结出切实可行的批评原则和方法，使翻译批评更加全面、科学、客观，从而更好地发挥其对翻译实践的指导作用。

翻译批评需要积极借鉴当代人文社科的前沿理论，在吸收传统译论精华的基础上，提炼出一整套针对性强、操作性强的批评范式，这是一项系统而复杂的工程。要达到这个目标，既需要理论研究者的不断探索，更离不开一线翻译工作者的踊跃参与和宝贵经验。只有理论与实践相互印证、相得益彰，翻译批评才能真正实现自身的使命，推动翻译事业的繁荣发展。

在全球化浪潮愈加汹涌的今天，翻译在文明互鉴、文化交流中的地位也愈发凸显。作为译者劳动成果的集中体现，译作的质量高低事关人类知识和精神财富的传承创新。科学而有力的翻译批评，既是对译者辛勤耕耘的肯定和激励，更是推动译品质量不断提升的重要力量。因此，加强翻译批评研究，完善翻译批评体系，不仅仅是学术界的任务，更是整个社会的共同责任。

参考文献

BASSNETT S, 2002. Translation studies (3rd ed.) [M]. London: Routledge.
丰崎由美，2016. 中国最下層の生ながめる [N]. 東京新聞，2016-07-24.
吉田富夫，1961. 第三回中國文學藝術工作者代表大會をめぐつて [J]. 中國文學報，(14)：112-132.
中村和惠，2016. 無名の人々が紡ぐ現代の中国史 [N]. 朝日新聞，2016-07-10.
塚本慶一，2013. 中国語通訳への道（新版）[M]. 東京：大修館書店.
安托万·孔帕尼翁，2017. 理论的幽灵：文学与常识 [M]. 吴泓缈，等，译. 南京：南京大学出版社.
包惠南，包昂，2000. 实用文化翻译学 [M]. 上海：上海科学普及出版社.
桂乾元，1994. 译事繁荣需评论——论翻译评论 [J]. 外国语，(2)：8-13+31.
黄勇，2014. 翻译批评平行语料库的建库步骤及应用研究 [J]. 海外英语，(15)：120-121+129.
李蟠，1986. 鲁迅的翻译思想和翻译方向 [J]. 湖北师范学院学报（哲学社会科学版），(3)：59-63.
廖七一，2000. 语料库与翻译研究 [J]. 外语教学与研究，(5)：380-384.
刘云虹，许钧，2015. 翻译批评研究之路：理论、方法与途径 [M]. 南京：南京大学出版社.
邵璐，2012. 翻译与转叙——《生死疲劳》葛浩文译本叙事性阐释 [J]. 山东外语教学，(6)：96-101.
田建国，2015. 翻译家村上春树 [M]. 上海：上海译文出版社.
仝小雨，2017. 关联理论视角下《红与黑》汉译大讨论 [J]. 青年文学家，(24)：100-101.
谢天振，2004. 隐身与现身：从传统译论到现代译论 [M]. 北京：北京大学出版社.
谢天振，2011. 对《红与黑》汉译大讨论的反思 [J]. 外语教学理论与实践，(2)：12-16.
谢天振，2015. 翻译研究新视野 [M]. 福州：福建教育出版社.
许钧，2002. 作者、译者和读者的共鸣与视界融合——文本再创造的个案批评 [J]. 中国翻译，(3)：23-27.
许钧，2012. 文学翻译批评研究 [M]. 南京：译林出版社.

许钧，2018. 翻译与翻译研究：许钧教授访谈录 [M]. 杭州：浙江大学出版社.
许渊冲，2012. 也议《红与黑》汉译大讨论 [J]. 外语教学理论与实践，（2）：67-72.
杨晓荣，2003. 关于翻译批评的主体 [J]. 四川外语学院学报，（2）：126-129.

（责任编辑 刘晓峰）

作者简介： 宋静怡，江西农业大学南昌商学院外语系讲师，研究方向为日语口笔译、文化翻译、比较文学等。
作者电子邮箱： souseii524@outlook.com

《金瓶梅》首个英节译本中的“声音”探究①

胡　桑
湖南师范大学

摘　要： 声音理论是翻译学研究中探讨各主体现身的重要手段之一。本文站在声音理论视角，对《金瓶梅》首个英节译本《西门庆传奇》进行了系统分析。研究发现，该译本中存在语境声音和文本声音，其中语境声音主要源自标题、译者前言和插图三处，文本内译者声音可分为“明显”和“隐蔽”两种。语境声音通过译者对标题的改写、对作者身份和复仇故事的介绍及插画师视觉形象的营造，增强了译本情色猎奇属性的渲染。文本声音则通过译者文内注释的显性方式及译者叙述话语操控等隐性策略，彰显出译者在跨文化传播中的文化协调作用，也反映出其努力介入文本的主体性和自身价值判断等。

关键词：《金瓶梅》；《西门庆传奇》；英译；语境声音；文本声音

Voices in the First Abridged English Translation of *Jin Ping Mei*

HU Sang

Hunan Normal University

Abstract: Voices as an indicator of different agents' visibility constitute the fabric of translations. Through the lens of voice theory, this paper conducts a systematic analysis of the very first English rendition of the classic Chinese novel *Jin Ping Mei*, entitled *The Adventures of Hsi Men Ching*. The examination unveils the presence of both contextual and textual voices within this translation. The former primarily derive from the title, the translator's note, and the illustrations, while the latter, explicit or implicit, are from within the translated text. Contextual voices are achieved through the translator's rewriting of the title, introduction of the author's identity and a story of revenge in his note, and the visual imagery created by the illustrator, all of which serve to intensify

① 本文系湖南省社科基金外语科研联合项目“玛丽·齐默尔曼的中国传统文学戏剧舞台改编研究”（21WLH08）、湖南省教育厅优秀青年项目“詹姆斯·芬顿与徐俊的《赵氏孤儿》戏剧舞台译改研究”（23B0106）阶段性成果。

the portrayal of the translation's erotic and sensational elements. Textual voices are exemplified through the translator's explicit methods such as the in-text annotations and implicit methods such as the manipulation of narrative discourse. These textual voices not only underscore the translator's role as a coordinator in cross-cultural communication but reflect his agency to intervene in the text and his own value judgments.

Keywords: *Jin Ping Mei*; *The Adventures of Hsi Men Ching*; English translation; contextual voices; textual voices

1　引言

作为我国古代小说“四大奇书”之首，《金瓶梅》（以下简称《金》）是我国古典文学史上一座高峰。几百年来，世人对这部借写宋代商人西门一家以全面描绘晚明世情的小说痴迷不已。翻译是《金》迈入世界文学行列的必由之路，其外文译本有英、法、德、拉丁、俄、匈、芬兰、捷、南斯拉夫、日、朝、蒙、越等文种（王丽娜，2002：91）。目前国内《金》的英译研究已取得了一定的成果，但研究对象多集中于埃杰顿（Clement Egerton）和芮效卫（David T. Roy）的全译本，且从“声音”（voice）这一理论视角进行考察的尝试还相对较少。基于此，本文聚焦《金》首个英节译本，即由朱翠仁（Chu Tsui-Jen，音译）翻译的《西门庆传奇》（*The Adventures of Hsi Men Ching*，以下简称朱译），探讨其中所蕴含的丰富的声音。

翻译研究中声音概念含义复杂，有时指译文风格偏好（Mossop，2007），有时指作品中人物与叙述者的声音（Schiavi，1996；Taivalkoski-Shilov，2013），又或指译者在译文中的“话语在场”（Hermans，1996；2007）。一般来讲，一个完整的翻译行为涉及众多主体。从作者、译者、编辑到出版商、专业评论家以及普通读者等，各主体在翻译的不同阶段，通过不同渠道，以不同方式发出不同声音。这些声音之间或相互促进补充，或彼此对立冲突，唯有通过不断调整协商，一个翻译行为才能顺利完成。由于各主体声音交错在一起，具有相当程度的复杂性，再加上并非每一个主体声音都会留下文本痕迹，因此翻译的声音研究并非易事。

为化繁为简，翻译研究中的声音可分为“语境声音”（contextual voices）和“文本声音”（textual voices）两大类（Alvstad & Assis，2015：

3）。语境声音存在于翻译产品（即译文）的正文之外，常在副文本（如标题、前言、后记、插图、评论等）之中，发出者是生产、推广译作以及围绕译作进行写作的各主体；文本声音存在于翻译产品的正文之内，包括文本中的叙述者声音、人物声音以及译者在文本中显露的声音等。本文主要关注“译者声音”（translator’s voice），同时也不排除其他非译者主体的声音，这些来自不同声源的声音既可能是语境声音，也可能是文本声音。国内翻译研究中运用声音理论的人不多，其中译者声音是讨论重点，如陈梅和文军（2015）构建了译者声音评价模式，张群星（2017）介绍了译者声音研究的方法，李慎和朱建平（2018）探究了鲁迅小说莱尔译本中的译者声音等。

本文通过系统梳理朱译中的语境声音与文本声音，拟回答以下问题。（1）译者及其他主体的语境声音如何通过副文本显现？这些声音传达了怎样的信息？（2）译者在正文中发出了哪些文本声音？这些声音干预对译本产生了何种影响？（3）声音理论对深入理解朱译具有怎样的启示意义？本文的发现将有助于丰富译者声音等翻译现象的研究，也将为进一步深化拓展《金》的英译研究做出贡献。

2 朱译基本情况概述

1927年，朱译在美国纽约出版。由于书中涉及不少情色描写，考虑到当时严格的文学审查制度，所以出版社仅刊印了750册，并给每一册进行了编号。书的标题页上印有“私人印刷”（Privately Printed）字样，不对外公开销售。该书于2007、2008和2010年由美国凯辛格（Kessinger）出版社翻印，2011年又增印了一个加大印刷版（Large Print Edition）；2013年美国文学许可（Literary Licensing）出版社也翻印了此书。

朱译底本为崇祯本《金》。一般而言，《金》可粗分为两个系统：万历本和崇祯本。也有人将其分为三个系统，即除上述两个系统外，再多出一个张评本，即张竹坡在康熙三十四年（1695年）评点刊刻的版本。张评本以崇祯本为基础，二者文字差异小，故常归在崇祯本系统内。万历本“迟至1931年冬才被发现”（王汝梅，2015：17），自然不可能成为朱译底本。

作为《金》进入英语世界的首次尝试，朱译对原文进行了大刀阔斧式的压缩和删减，局部也增添了一些内容，“创译”（transcreation）[①]色彩明显。《金》全书共一百回，故事情节错综复杂，朱译将其缩至19章。其中前18章大致对应原书前七十九回内容，以西门庆为主线，描写了西门庆与潘金莲、李瓶儿、王六儿、如意儿、林太太等女性的情事以及这些女性角色之间的矛盾和争斗，最后到西门庆死亡收笔。第19章极为粗略地介绍了剩余某些人物的结局，如李娇儿和孟玉楼再嫁、武松杀嫂、孝哥出家等，至此全书结束。

朱译整体情节顺序与原文基本一致，对照后可发现个别地方存在调整。例如，译本第12章先写李娇儿过寿，西门庆却跑去和王六儿幽会，回家后又去李瓶儿房中寻欢，这大致对应原文第五十回。接着，朱译写潘金莲因西门庆没有过来陪她而倍感失落，在雪夜中弹起了琵琶，这实际上是原文第三十八回“潘金莲雪夜弄琵琶”的内容。随后，译文又写潘金莲在月娘处诋毁李瓶儿以挑拨二人关系，续接原文第五十一回。

纵览全文，朱译缩减手段主要有三种。（1）直接省译：包括省弃原文诗曲等韵文、说书人套语、情节内容等，故事多保留西门庆和众女性的情爱部分。（2）合并：将几个回目内容并作一章。（3）降低句子复杂度：删枝去节，仅翻译句子大意。经此种种，原著相当一部分文本内容与文学形式早已不再，文本的文学审美与历史人文价值也大打折扣。除了“减”之外，朱译中也有“增”。如译者在某些文化负载词后添有文内解释或增加了一些表现译者自己对人物态度的词句，有时还补充了如背景等其他信息。这些实际上都是译者在文本中留下的痕迹，也是译者声音的体现。接下来，我们将分别从语境声音和文本声音两方面来对《金》首个英节译本进行分析。

3 朱译语境声音分析

无论声音来自译者还是其他主体，语境声音往往表现突出。朱译中无任何脚注或尾注，译本之外也没有与译者相关的介绍材料或访谈，其语境

① 所谓创译，即“在目的语系统中，对源文本进行编辑、重组、创作性重写、创意性重构等的转述方式，实现目标话语的表达性与目的性的文本，其方式可以为单模态或多模态”（陈琳、曹培会，2016：126）。

声音主要来自三个方面：标题、译者前言和插图。

3.1 标题

标题是读者最先阅读的信息，也是书作能否成功吸引潜在读者的关键之一。标题不仅能指示“文本类型”和“文本主题”（Gerber，2012：43），还会影响读者“阅读文本的方式”和“对文本的构建”（Maclean，1991：275–276）。“金”“瓶”“梅”三字分别取自小说中三位最主要女性人物之名，即潘金莲、李瓶儿和庞春梅，可见作者从书名上便有意突出了她们在全书叙事中所占的重要位置。三人贯穿全书，不断推动故事情节向前发展。王汝梅（2015：2）指出，“《金瓶梅》艺术世界，是女性占据舞台中心，以描写女性主体意识、性格、心理、生存状态为重点的女性群体世界”，作者“兰陵笑笑生是一位发现女人，认为‘女人也是人’的古代不自觉的‘女性主义者’”；而“金”“瓶”“梅”三字的排列顺序，也体现了这三位女性角色重要性的顺序，潘金莲无疑是“《金瓶梅》女性世界中的第一号人物”。这种标题构建方式极大影响了后世许多小说的取名，如成书于清朝的《林兰香》，其标题也是分别取自小说中三个主要女性人物之名。

清张竹坡（2017：39）亦对《金》之标题作出过点评，曰“金、瓶、梅三字连贯者，是作者自喻。此书内虽包藏许多春色，却一朵一朵、一瓣一瓣，费尽春工，当注之金瓶，流香芝室，为千古锦绣才子作案头佳玩，断不可使村夫俗子作枕头物也。噫！夫金瓶梅花，全凭人力以补天工，则又如此书处处以文章夺化工之巧也夫”。张竹坡以为“金”“瓶”“梅”三字宜连贯解读，此书文笔之精妙恰似金瓶之中梅花一朵，这一点评后来启发芮效卫将标题译作《金瓶中的梅，或金瓶梅》（*The Plum in the Golden Vase or, CHIN P'ING MEI*）①。此外，芮效卫（Xiaoxiaosheng & Roy，1993：xvii）还指出，“金瓶梅”同“进牝魅”谐音，故也可释作“进入阴道的魅力”（the glamour of entering the vagina）。

朱译没有保留原标题，译者既未采用“金”“瓶”“梅”三字音译，也

① 芮译《金》于1993至2013年分五卷由美国普林斯顿大学出版社出版，对其标题的详细分析可参考齐林涛（Qi，2018）专著《〈金瓶梅〉英译：文本，副文本及语境》（*Jin Ping Mei English Translations: Texts, Paratexts, and Contexts*）第二部分第4章，第118—121页。

未如芮效卫般意译，而是将其改译作《西门庆传奇》(*The Adventures of Hsi Men Ching*)，这是译者自己的声音。从该标题可看出：(1）译者有意将原标题中三位女性人物尽数删去，而将男主人公西门庆添加进来，使得原标题中的女性凸显变成男性聚焦。改译后的标题直截了当地给出了“文本主题”，即“西门庆的性爱冒险”，突出了译本的故事性和娱乐性，能让译文读者迅速作出阅读预测，迎合了他们对小说刺激内容的期待；(2）标题中西门庆的名字直接音译为“Hsi Men Ching”，在一定程度上给予了译文读者文化上的异域感和陌生感。因此，朱译标题塑造了一个风流冒险的东方男性形象，彰显了译者基于自身及市场需求对原作的改写。

3.2 译者前言

朱译中，译者于正文前撰有《关于〈西门庆传奇〉作者身份的译者前言》。前言属于译者发声的公共语境空间之一，译者可以借此“凸显文化和语言之间的差异”，“帮助读者加深对原语文化的理解”并“促进读者对译者角色和干预行为的认识”(McRae，2012：65)。译者前言的内容通常包括推荐语、翻译所耗时间、体裁类型、原作者及译者生平或其他重要信息、原文本及目的语文本的社会 / 历史 / 文化背景、目的语社会的一般社会 / 历史 / 文化信息、翻译策略、翻译中的困难 / 问题、对翻译 / 译者的定义、选择原作的理由、致歉、写作译序的理由等不同信息（Hosseinzadeh，2015：316–317)。

在该译者前言中，译者没有提及自己的生平信息、翻译目的或翻译理念，而是重点讨论了原作者生平信息，间接涉及作品主题。译者在前言中指出关于《金》的作者身份有许多不同的猜测，其中最有可能的是王凤洲（Wang Feng-Chow)，即明代文、史学家王世贞，而王作此书乃为父寻仇。王世贞的杀父仇人是嘉靖皇帝的内阁首辅严嵩之子严世蕃，得知严世蕃喜爱阅读情色小说且有沾唾翻书的习惯后，王世贞专门写就了《金》并赠予严世蕃。把书稿给严世蕃之前，王世贞在每一页纸上都浸染了砒霜。果然，严世蕃得到《金》后爱不释手，沾着唾沫一页页翻看，待全书阅毕，严世蕃也毒发身亡。复仇之说不论真假，倒极有可能提升读者对译本的阅读兴趣。首先，《金》作为“复仇工具”的身份为此书增添了几分传奇色彩——以令仇家爱不释手的“毒书”来杀人，读者可能十分好奇这究竟是怎样一本奇书。其次，译者在前言中已透露该书为投严世蕃钟爱情色文字之癖而作，因此书中必然充斥着情色描写，这对读者而言无疑充满了诱惑。

3.3 插图

除标题和译者前言外，朱译中还有一个重要的语境声音来自插图。插图“与文化紧密相关”，属于“一种文化的代表”（Gerber，2012：56）。全书共有大插图 8 幅，一幅大插图占据一页纸；某些章节结尾处还附有小插图，总计也是 8 幅。崇祯本《金》本身是配有插图的，每回 2 幅，共计 200 幅。这些插图“紧扣原著情节，把画工的解读融入画面，以插图的形式参与对原著的评点”，堪称“我国的古代艺术瑰宝”（王汝梅，2015：146）。作画者通常会选取故事中“高潮的瞬间或‘最富孕育’的时刻”作为素材，以此“来表现回目的重心”（余懿，2016：i）。插图既能为书商“招揽读者，增强竞争力”，也能“供读者图文互证辅助阅读，并由此获得更多阅读乐趣”（余懿，2016：1）。

翻译配有插图的文本时，“目的语文本的出版商常会委托当地插画师创作新的插图”（Gerber，2012：45），朱译就属于此种情况。朱译未将崇祯本《金》中原有插图选印进来，可能有两方面原因：首先是当时印刷技术的限制，根据齐林涛（Qi，2018）的研究，在 20 世纪 20—30 年代，复印插图需要特殊质量的纸张；其次是出版社考虑到中国古典小说原插图风格与西方插图（或西方想象中的中国插图）相去甚远，直接照搬不利于读者接受。

朱译插图由当时活跃在纽约的先锋派插画师泰丝（Clara Tice）创作，并被当时“纽约反堕落协会”（New York Society of the Suppression of Vice）的秘书萨姆纳（John S. Sumner）认定为“淫秽得令人作呕”（转引自 Qi，2018：49）。总结起来，泰丝为朱译所作的插图有如下几个显著特点。（1）构图相对简单。崇祯本《金》中的插图“采用散点透视，景大人小，虚实相生，画面容量大”，且“擅长画群像，把众多人物集中在一个画面”（王汝梅，2015：146）；而朱译中插图画面简单，图中一般仅有两个或三个人物，其中女性人物全部半裸或全裸，多只呈现男女调情或欢爱场景，画面背景不复杂。（2）崇祯本《金》中插图与文本相映成趣，朱译中插图与文字却关联松散，体现在两个方面。其一，某些插图从画面所绘内容上看，无法判断其对应文字情节，如第 75 页的插图；其二，插图位置不在其对应描绘的文字情节处，如第 13 章的插图（第 145 页）描绘的是“潘金莲醉闹葡萄架”的场景，但叙述该场景的文字却出现在书的第 10 章（第 112 页）。（3）受浮世绘画风影响，插图中人物的穿着服饰、发型装扮均为传统日本民族造型（如男性佩武士刀、踩木屐），而非小说中所写的中国古代汉人服饰打扮[①]，这种不匹配很可能对读者造成事实认知误导。因此，朱译插图所展示的更多是西方对古代中国的想象，其主要目的是为译本添加具有猎奇性质的卖点噱头。

4　朱译文本声音分析

本小节主要分析朱译文本声音中的译者声音。文本内的译者声音可表现得或明显或隐蔽：明显时“译者走出阴影，直接干预文本”（Hermans，1996：27–28），隐蔽时则只能通过仔细对比原文和译文后方可发现。翻译时，译者完全有可能“改变、压低、放大、模糊或以其他形式扭曲原文本中作者的声音”（Munday，2008：14）。下面我们通过具体实例一窥朱译中文本内译者声音的呈现，同时将这些声音对文本传达效果产生的影响一并纳入讨论。

4.1　明显的译者声音

赫曼斯（Hermans，1996：27–28）认为，“在翻译的叙述话语中，总是包含‘另一个’声音”，即译者声音。这个声音在以下三种情况下得以显现。（1）（原语）文本中有些内容明显针对（原语）隐含读者而写，因此文本该部分（经翻译后）其交际功能将大打折扣，这种情况通常是原文

① 西人依据中国古典小说情节内容创作插图这一现象并不少见，而起源于 17 世纪的日本浮世绘对西方绘画艺术产生过十分重要的影响，如 1884 年由巴黎拉于尔出版社出版的勒格朗（E. L. J. Legrand）翻译的《宋国的夫人》（*La Matrone du Pays de Soung — Les Deux Jumelles [Contes Chinois]*，即《庄子休鼓盆成大道》译文）中，其插图也带有浓重的浮世绘风格技法（宋丽娟，2017：626–627）。

中包含了特定的原语历史或文化信息。（2）（原语文本）涉及语言的“自我反射（self-reflexiveness）”及“自我指涉（self-referentiality）”，如原文中有双关语等“文字游戏”。（3）（原语文本）过度依赖原语语境（contextual overdetermination）。

朱译文本内，译者发出明显声音的情况主要属于赫曼斯谈到的第一种和第二种情形，其翻译策略均为添加文内注释。译者没有使用脚注或尾注，解释都在句子内部。从表现形式看，注释又可分为加括号与未加括号两大类，前者由于括号的存在而成为极为明显的译者声音体现。所有这些注释主要是译者为了给读者提供必要信息，帮助其更好理解文本而“现身”进入译文叙述的结果。

第一种情形下的注释往往紧跟在人物称谓之后。称谓词与“社会心理、民族心理、历史文化息息相关”（杜艳青，2006：92），较之英语，汉语中的称谓词更加复杂。李明敏（2010）将《金》中的称谓词分为两大类：一类是亲属称谓，包括血亲、姻亲和制度称谓；一类是社会称谓，包括性别、长幼、交际、业缘和官职称谓。朱译中涉及的亲属称谓有“叔叔”shu shu (brother-in-law)、“嫂嫂”sou-sou (elder brother's wife)、“哥哥”koko (brother) 等，社会称谓有“干娘”k'an niang (god-mother)、“大官人”ta kuan jen (my god-son)、“大哥”ta-ko (big brother) 等。所有称谓词的注释在文本内都明显加有括号（如例 1 所示），但并非所有称谓词都添加了注释，如“娘子”niang-tze、“大娘子”ta-niang-tze、“大姑娘”ta-ku-niang 就没有任何注释。

例 1：

原文：……说道：“我听得人说，叔叔在县前街上养着个唱的，有这话么？”

（兰陵笑笑生，2018：17）

朱译：“I hear that you are living with a singer, shu shu,” (brother-in-law) she prompted him.

（Wang & Chu，2010：18）

除人物称谓外，朱译中对某些专有名词也进行了注释。如以下例 2 中，译者对专有地名添加了文内注释。

例 2：

原文：那人一见，先自酥了半边，那怒气早已钻入爪哇国去了……

（兰陵笑笑生，2018：21）

朱译：A benumbing voluptuous torpor crept over the man's whole frame and the sharp words he had on his lips for the careless bungler were instantly assigned to the country of Cha-Wah, the land of nowhere.

（Wang & Chu，2010：24）

和称谓词注释相比，此处最明显的不同为译注没有添加括号。虽然读者在读到解释后仍然能清晰感知译者声音的存在，但加有括号的注释译者痕迹无疑更为显眼。

第二种情形下的注释也能在朱译中找到例证，以“飞白”为例。“飞白”是《金》中使用较多的一种修辞格，常表现为故事人物故意讲别字来实现自己的交际目的。由于“飞白”常需依赖字词谐音实现文字游戏，而不同语言间语音系统又差异极大，故往往给翻译带来极大挑战。朱译中，译者对待“飞白”修辞的翻译处理方式依旧是文内注释，如以下例 3 所示。

例 3：

原文：王婆出来道：“大官人，吃个梅汤？”西门庆道：“最好多加些酸味儿。”王婆做了个梅汤，双手递与西门庆吃了。……西门庆道：“干娘，你这梅汤做得好，有多少在屋里？”王婆笑道：“老身做了一世媒，哪讨不在屋里！”

（兰陵笑笑生，2018：23）

译文：“Would you like some *mei tang*?” (plum beverage) she asked. “Yes, but do not put in too much sugar.” He tasted the beverage that Wang Po brought him. “You make very good *mei tang*,” he complimented her.

“Yes, I have been *mei*-making (match making) all my life and have consummated many happy unions.”

（Wang & Chu，2010：30）

此例出自原著第二回，王婆知西门庆已垂涎潘金莲许久，便故意将西门庆说的“梅”误讲成“媒”，趁机提醒西门庆其做媒之特长，为的就是赚取西门庆的银两。正因为中文里“梅”与“媒”同音，方能有此一段妙趣横生的对话，但英文中的“plum”和“match”却在语音上相差甚远，无法形成汉语中“飞白”的类似效果。译者此时便只好“走出阴影”，采取音译辅以括号加注的翻译方法来“干预文本”，显露自己的声音。

4.2 隐蔽的译者声音

除了赫曼斯提到的译者在直接干预文本时所发出的声音外，文本中还有一种声音发生在“另一个话语层面上”，这个话语层面就是“叙述本身”（O’Sullivan，2003：202）。也就是说，此时“译者声音更为巧妙地和作者声音融在一起”，“‘让自己偷偷进入’了话语当中”（Munday，2008：19）。这种声音更为隐蔽，唯有通过原文和译文的对比才能发现。换句话说，与“明显的译者声音”不同的是，如果不对比原文，目的语读者就无法感知这种声音的存在。下面的例子将说明朱译中的确存在译者隐蔽的声音。

例 4：

朱译：We shall give only the names of three of these sworn brothers of Hsi Men Ching who are essential to our story, as Ying Pei-Chiao, who was the oldest, but who refused the honor of being the first brother in favor of Hsi Men Ching because the latter was the richest, and had been used to taking the leading part in the group. Such a concession on the part of Ying Pei-Chiao indicates the character of this fraternal bond; to anyone but Hsi Men Ching it was clear that these parasites called him brother not because they loved him but because they wanted to exploit his wealth. On the other hand, Hsi Men Ching had no abiding love for any of his friends; he liked them only because they flattered him.

（Wang & Chu，2010：13）

（我们仅给出西门庆结义兄弟中三人姓名，此三人对我们讲述的故事十分关键。应伯爵年纪最长，却将大哥之位让予西门庆，只因西门庆最富有，并已习惯为首。应伯爵这一推让之举暗示了众人结义的本质；除了西门庆自己，所有人都清楚这些寄生虫称呼他为兄长并非出于仰慕，而是贪图他的钱财。另一方面，西门庆对这些朋友亦无长久真心，只是喜欢被他们拍马屁。）

如前所述，由于朱译“创译”色彩浓重，因此无法找到与译文准确对应的原文是常见现象。例 4 取自朱译第 1 章，叙述的是原文第一回中“西门庆热结十弟兄”部分内容。原文对西门庆的帮闲十兄弟皆有介绍，译文仅选择介绍其中三个（即应伯爵、吴典恩和花子虚），且省去了卜志道死、花子虚作顶这一情节。

从该段译文来看，叙述者以第一人称复数“我们”（we）现身，直接与叙述接收者对话，这一叙述方式和《金》原文本相似。原文中也是由“说书人直接与读者进行交谈，解释事件的原委”（王平，2001：45），但不同的是，原文中的叙述者并不以第一人称代词“我们”自称。

而谁在兄弟中居长，原文由吴道官写疏时提问引出。原文通过应伯爵与西门庆之间相互推让大哥位置时的来回对话，从侧面展现了应伯爵附势的丑恶嘴脸，最后西门庆在众人劝说下只好做了大哥。译文则将对话悉数省去，转由叙述者平铺直叙，并直接点明众人推选西门庆做大哥的原因——因为西门庆“最为富有，并已习惯为首”。这个原因在原文中并未如译文般直接给出，读者只能从应伯爵的言语（如排行应当不“叙齿”而要“叙些财势”）中进行间接推导。

至于从“Such a concession”起接下来的一大段话，则完全属于译者创造的“译文叙述者声音”。叙述者声称“应伯爵这一推让之举暗示了众人结义的本质”，并认为“除了西门庆自己，所有人都清楚这些寄生虫称呼他为兄长并非出于仰慕，而是贪图他的钱财”。此外，“西门庆对这些朋友亦无长久真心，只是喜欢被他们拍马屁”——这些统统是译者自己基于原文理解得出的结论，再通过译文叙述者讲述出来。原文叙述者并没有对人物进行如此直白的评价，但译文中如“寄生虫”（parasite）一词，确切地表明了叙述者对帮闲们憎恶的态度和立场，译文叙述者的声音取代了原文叙述者的声音，译者自身的价值判断得以显露。

又如在翻译原文第一回有关武松打虎的部分时，朱译文中出现了这样一段文字：

例 5：

朱译：How he was attacked by the tiger while he was resting on a green granite, how he dodged the tiger's leaps three times, and how he killed the tiger with blows of his terrific fists — all these things are familiar to even children by song and story.

（Wang & Chu，2010：15）

（至于武松歇于青石之上如何为大虫所袭，如何躲过那大虫三次扑咬，又如何以猛拳杀死那大虫——所有事迹都以歌谣及故事形式流传至今，连孩童也耳熟能详。）

对照原文可知，除应伯爵三言两语对西门庆说了武松打虎之事外，原文中没有任何关于武松打虎场景的具体描写。而译者在此添加了一些打虎细节，如“武松歇于青石之上”“躲过那大虫三次扑咬”，这些细节虽未出现在《金》中，但的确与《水浒传》第二十三回中武松打虎的描写吻合，这说明译者通过译文叙述者将自己所了解的关于武松打虎的情节移植进了译文内。最后，译者又借叙述者之口直接评述道，“所有事迹都以歌谣及故事形式流传至今，连孩童也耳熟能详”，译文时态也切换至一般现在时。这些信息的补充都是译者留下的隐蔽“话语痕迹”，译者声音与叙述者声音融于一体。

5　结语

《西门庆传奇》作为《金瓶梅》的首个英节译本，对《金瓶梅》在英语世界的传播具有开创性意义，为其后续译介奠定了基础。本研究从声音理论视角出发，对《金》首个英节译本进行了系统考察。研究发现，无论在语境层面还是文本层面，朱译中都存在来自原文本之外的声音。在语境声音层面，通过分析朱译标题、译者前言、插图等副文本，揭示了正文之外的多元声音互动。译者对标题的改写、对作者身份及复仇故事的介绍与插画师营造的视觉形象一起，大大增强了译本情色猎奇属性的渲染，共同影响了译本在目的语环境中的呈现方式和效果。在文本声音层面，译者通过文内注释的方式，对人物称谓、文字游戏等进行解释，以帮助译文读者更好地理解文本，彰显了其在跨文化传播中的文化协调努力。

此外，译者也通过叙述话语操控等隐性策略，将自己的声音融入译文之中，反映出其努力介入文本的主体性和自身价值判断。这些声音中，有的声音非常明显，如译者前言、插图和文内括号加注等，有的声音则比较隐蔽，如文本内与叙述者声音融为一体的译者声音。正是这些声音实现了以译者为主要代表的主体对文本或明或暗的操控，使得目的语文本在原文本基础上发生形变，也让包括译者在内的各主体得以不同程度地现身。总之，声音理论为翻译研究开辟了广阔空间，通过对译本声音的多维考察，可以加深我们对翻译本质的认识。另一方面，受篇幅与研究资料所限，本研究对编辑、出版商、读者等其他主体声音的关照不足，未来可进一步拓宽研究对象与范围，以期全面把握朱译翻译行为的复杂性。

参考文献

ALVSTAD C, ASSIS R A, 2015. Voice in retranslation: an overview and some trends [J]. Target, (1): 3-24.

GERBER L, 2012. Marking the text: paratexutal features in German translations of Australian children's fiction [C]//In GIL-BARDAJI A, ORERO P, ROVIRA-ESTEVA S, (Eds.), Translation peripheries: paratexual elements in translation. Bern: Peter Lang AG: 43-61.

HERMANS T, 1996. The translator's voice in translated narrative [J]. Target, (1) :

23-48.

HERMANS T, 2007. The conference of the tongues [M]. Manchester: St. Jerome.

HOSSEINZADEH M, 2015. Translational prefaces: a narrative analysis model [J]. International journal of English language, literature and translation studies, (3): 311-319.

MACLEAN M, 1991. Pretexts and paratexts: the art of the peripheral [J]. New literary history: a journal of theory and interpretation, (2): 273-279.

MCRAE E, 2012. Translator's prefaces to contemporary literary translations into English [C]//In GIL-BARDAJI A, ORERO P, ROVIRA-ESTEVA S, (Eds.), Translation peripheries: paratexual elements in translation. Bern: Peter Lang AG: 63-82.

MOSSOP B, 2007. The translator's intervention through voice selection [C]// In MUNDAY J, (Ed.), Translation as intervention. London / New York: Continuum: 18-37.

MUNDAY J, 2008. Style and ideology in translation: Latin American writing in English [M]. New York: Routledge.

O'SULLIVAN E, 2003. Narratology meets translation studics, or the voice of the translator in children's literature [J]. Meta, (1-2): 197-207.

QI L, 2018. *Jin Ping Mei* English translations: texts, paratexts, and contexts [M]. London and New York: Routledge.

SCHIAVI G, 1996. There is always a teller in a tale [J]. Target, (1): 1-21.

TAIVALKOSKI-SHILOV K, 2013. Voice in the field of translation studies [C]//In TAIVALKOSKI-SHILOV K, SUCHET M, (Eds.), La traduction des voix intra-textuelles / Intratextual voices in translation [Collection vita traductiva]. Montreal: Éditions québécoises de l'œuvre: 1-9.

WANG F-C, CHU T-J, 2010. The adventures of Hsi Men Ching [M]. Whitefish: Kessinger Publishing LLC Reprints.

XIAOXIAOSHENG, ROY D T, 1993. The plum in the golden vase, or Chin P'ing Mei (Vol. 1: the gathering) [M]. Princeton, NJ: Princeton University Press.

陈琳，曹培会，2016. 论创译的名与实 [J]. 外语与外语教学，(6)：123-130+146+151.

陈梅，文军，2015. 译者声音评价模式研究——以白居易诗歌英译为例 [J]. 外语教学，(5)：94-100.

杜艳青，2006.《金瓶梅》称谓语的语用特点及其文化内涵 [J]. 安阳师范学院学报，(6)：92-94.

兰陵笑笑生，2018. 金瓶梅（崇祯本）[M]. 九龙：香江出版社.
李慎，朱健平，2018. 鲁迅小说莱尔译本的译者声音研究 [J]. 湖南大学学报（社会科学版），（3）：105-111.
李明敏，2010.《金瓶梅》称谓词研究 [D]. 济南：山东师范大学.
宋丽娟，2017.“中学西传”与中国古典小说的早期翻译（1735—1911）——以英语世界为中心 [M]. 上海：上海古籍出版社.
王丽娜，2002.《金瓶梅》在国外 [J]. 古典文学知识，（5）：90-95.
王平，2001. 中国古代小说叙事研究 [M]. 石家庄：河北人民出版社.
王汝梅，2015.《金瓶梅》版本史 [M]. 济南：齐鲁书社.
余懿，2016. 崇祯本《金瓶梅》的插图研究 [D]. 武汉：华中师范大学.
张群星，2017. 译者声音研究及模式探析 [J]. 黑龙江教育学院学报，（11）：114-118.
张竹坡，2017.《金瓶梅》评点 [M]. 田秉锷，康明超编. 北京：中国文史出版社.

（责任编辑　刘晓峰）

作者简介： 胡桑，博士，湖南师范大学外国语学院翻译系讲师，研究方向为典籍翻译与传播等。

作者电子邮箱： husangbest@126.com

社会学视角下阎连科小说译介发起行动者网络分析

仇 峰[1,2] 杨彩霞[1]
[1]中国人民大学 [2]北京信息科技大学

摘 要： 本文结合拉图尔的行动者网络理论和布迪厄的社会实践理论，对阎连科小说英译发起过程展开个案研究，重点分析阎氏小说译介项目发起行动者网络。阎氏小说译介发起是融合策划人、出版社、经纪人、原作者、译者、文本等异质行动者的错综复杂的动态关系网络。本文结合原作者阎连科和译者罗鹏的访谈等副文本材料，通过追踪网络中各行动者在互动联结中留下的踪迹，重现发起过程中的细枝末节，考察这些行动者如何在文学和翻译场域内互动并借助不同形式资本的转化，合力构建并运作阎氏小说译作发起行动者网络，以期为中国当代文学外译项目发起提供参照。

关键词： 译介发起；阎连科小说；社会学视角；行动者网络理论；社会实践理论

A Sociological Analysis of the Actor-Network in the Initiation of English Translations of Yan Lianke's Novels

QIU Feng
Renmin University of China
Beijing Information Science and Technology University
YANG Caixia
Renmin University of China

Abstract: Employing Bruno Latour's Actor-Network Theory and Pierre Bourdieu's Theory of Social Practice, this case study examines the initiation process of the English translations of Yan Lianke's novels, with a focus on the actor-network involved in the initiation of Yan's translation projects. The initiation of Yan's novel translations is a complex and dynamic network of relationships that integrates heterogeneous actors such as initiators, publishers, literary agents, authors, translators and texts. Drawing on

paratextual materials such as interviews with Yan Lianke and translator Carlos Rojas, this paper traces the trajectories of various actors in their interactions within the network, reconstructing the intricate details of the initiation process. It investigates how these actors interact in the literary and translation fields and how they collaborate to construct and operate the actor-network for initiating the translation of Yan's novels through the transformation of different forms of capital. This study aims to provide a reference for the initiation of English translation projects of contemporary Chinese literature.
Keywords: the initiation of translation; Yan Lianke's novels; sociological perspective; Actor-Network Theory; Theory of Social Practice

1 引言

中国文学“走出去”已经成为翻译界最热门的话题之一。越来越多的学者意识到中国文学“走出去”需要依靠系统的网络运作模式。在中国文学译介与传播的诸多模式中，“西方商业出版社发起译介—招募汉学家翻译”的机制市场定位精准，传播效果理想，是中国文学外译传播的首选模式，也逐渐成为中国文学“走出去”的主流做法之一（汪宝荣，2019：6）。阎连科作品在欧美世界的译介模式就是由西方商业出版社发起并系统策划，招募汉学家翻译模式下运作的成功案例。

20 世纪 90 年代，翻译学出现社会学路径的研究范式，主要是将布迪厄的社会实践理论、卢曼的社会系统理论、拉图尔的行动者网络理论（Actor-Network Theory，简称 ANT）应用于翻译研究。目前社会学路径下的翻译研究已经完成从简单的理论引介阐释以及初步应用阶段，走向多维度的理论融合阶段。汪宝荣在行动者网络理论和社会实践论的基础上，提出“译介与传播行动者网络”概念，以便构建一种用于译介与传播过程分析的网络模式（汪宝荣，2020：34）。他认为该网络模式先后运作于翻译项目发起、翻译生产和译作传播三个过程，每个过程都依赖一个特定行动者网络的构建和运作才能完成，且这三个子网络各自独立运作（汪宝荣，2020）。翻译项目发起作为译介与传播的起始环节，起着重要的铺垫作用。如若项目发起不成功，翻译生产与传播就无从谈起。本文主要结合社会实践理论和行动者网络理论，以阎氏小说的英译发起为个案，重点分析阎氏小说译介与传播网络之子网络——译介项目发起行动者网络，结合原作者阎连科和译者罗鹏的访谈等副文本材料，探究社会学路径下阎氏小说译介发起行动者网络的构建和转译机制及过程，以期为中国当代文学外译项目发起带来新的启发。

2 社会实践理论和行动者网络理论的融合

社会学路径下的翻译研究具有跨学科和综合性的特点，描述和解释翻译现象的社会学理论可以相互借鉴和融合。翻译与社会之间关系错综复杂，翻译发生于特定社会，受制于特定社会，服务于特定社会，因而翻译具有社会性。社会的存在与发展也不同程度地有赖于翻译，社会也具有翻译性（傅敬民、张开植，2022）。翻译的社会性和社会的翻译性是理论融合的物理基础和本质（刘晓峰、惠玲玉，2023）。社会学理论来源多样，翻译现象和问题也具有阶段性，因此，理论融合模式具有动态弹性的特点。

目前应用于翻译研究最多的三种社会学理论彼此独立，难以统一，在理论运用和关键概念上也存在冲突之处。虽相互抵触、各有侧重，但也存在互补性，“场域”“系统”“行动者网络”等核心概念无论是在外延还是内涵上都存在着概念上的重叠性，因此可以对这几种理论进行调适整合。国内外译界学者对社会实践理论和行动者网络理论融合进行了有益的理论和实践探索，认为两种理论融合可为翻译研究提供更加全面客观的视角。布泽林（Buzelin）认为社会实践理论以人类为中心，侧重分析行为者的社会实践以及在场域中的位置，但行为者仅限于人类，没有涵盖文本、观念、技术等非人类因素，或者说社会实践理论排除了非人类行为者的社会建构。拉图尔的行动者网络理论认为必须分析社会中的人类行动者和非人类行动者联结而成的网络运作机制才能更好地认识和理解社会（Buzelin，2005）。就翻译研究而言，社会实践理论聚焦场域中的个人行为体，适用于分析文学翻译场域、译者惯习、行为者的资本形态，但是忽略了翻译过程和行为者之间的关系联结。翻译过程分析包括作为实践主体的人类行为者，但是其中的非人类因素也不容忽视。行动者网络理论认为人类行动者和非人类行动者都具有能动性，适用于分析人类行动者和非人类行动者合力构建运作的网络。该理论能为翻译过程研究提供有效的概念工具和方法论工具（Buzelin，2013）。如果仅借用社会实践理论或行动者网络理论，不能概述翻译的全貌。从这个意义上来说，布泽林认为虽然两者在方法上存在异同，从制度层面来说存在着竞争，但在理论层面，这两种理论基于一些共同的假设，行动者网络理论可以弥补社会实践理论的不足，从翻译研究所需理论工具的角度而言，两种社会学理论具有互补性，是“意外的盟友”（Buzelin，2005：214–215）。

国内外已有学者就社会实践理论和行动者网络理论融合问题进行分析和探讨（Buzelin，2005；Hekkanen，2009；Haddadian-Moghaddam，2012；Walker，2015；汪宝荣，2014；刘晓峰、惠玲玉，2023）。也有不少学者（冯正斌、唐雪，2021；刘毅，2021；李晋、肖维青，2023）尝试将两种理论整合进行翻译个案研究，一定程度上验证了理论融合的可行性和解释力。虽然以上学者对两种社会学理论进行修正或者整合运用，但总体来说还是缺乏一个兼容性较强的综合性理论框架和分析模式。社会实践理论和ANT相结合构建的分析模式是否适切需要更多的翻译个案研究来验证其科学性和有效性。本文将社会实践理论和行动者网络理论相结合，以行动者网络理论为主要的理论分析工具，以社会实践理论中的“场域、资本”概念为辅助，寻找理论融合在阎氏小说英译项目发起研究的契合点，为系统进行行动者分析和发起过程研究提供一定的理论参考。鉴于国内学者对两种理论多有阐释，故不再赘述。

3　阎氏小说译介发起网络的构建和运作

阎连科小说英译大致分为“零星—随机”英译和“持续—有计划”英译两个阶段。第一阶段的翻译以中短篇作品为主，没有引起学界关注；在第二阶段，有影响力的中长篇作品陆续译介到西方世界（吕兆芳，2019）。本文所指阎氏小说译介侧重于系统策划推介的第二阶段。行动者网络理论中的“行动者”指任何做出行动或被赋予行动的人或事物（Latour，1996：373）。将此概念引入翻译研究时，要考虑到行动者的异质性、能动性和不确定性这三个特征（王岫庐，2019）。在阎氏小说译介发起行动者网络中，涉及的主要人类行动者包括策划人、出版社、经纪人、原作者、译者等，非人类行动者包括文本、意识形态等。各行动者并非孤立存在，而是相互联结，在互动关系中获得身份的界定，在他者的影响和关系下行动，共同建构起译介发起网络。该网络不是结构性地由所有结点按照规定路径组合成特定形状，而是不规则的、不断变化和更新的。

行动者相互联结，协商配合，交互行动，合力推动建构起的行动者网络运行的关键步骤是“转译”。转译在行动者网络理论中是“translation”一词，该词并不是通常意义上理解的“翻译”之义，而是“移位、转移、协调，甚至创造一个以前不存在的新的联系”（Latour，1999：311）。拉图尔和卡隆认为“转译是利益相关的异质行动者之间的交流与碰撞”（Callon & Latour，1981：279），即转译就是网络中的各行动者为实现利益和目的相互联结进行交流、转换或转化的过程。邢杰等认为转译是界定行动者身份、促使行动者间产生可追踪的联系并推动网络运行的过程，是行动者征召其他行动者时所采用的方法（邢杰等，2019）。这一过程主要包括四个步骤：问题化（problematisation）、利益赋予（interessement）、征召（enrolment）、动员（mobilization）（Callon，1984）。行动者网络界限并非泾渭分明，转译过程亦不是线性发展，而是严格按照这四个阶段顺序层层递进，在网络建构和运作过程中这些步骤可能重合、往复，也可能缺位。

本部分通过追踪行动者踪迹，对阎氏小说译介发起行动者网络中的主要行动者及互动关系进行分析，展现阎氏小说译介发起行动者网络的动态建构过程。通过“理解网络的特性、分布、连接及转换方式，更好地掌握在网络中流通的各种要素的复杂性”（Buzelin，2005：198）。在分析网络中行动者及其互动关系的基础上，探究其转译过程，尽可能还原译介发起阶段的细节，再现阎氏小说译介发起网络的本来面貌，考察行动者如何共同构建并运作阎氏小说译介发起网络。转译贯穿于阎氏小说译介发起网络的全过程，下面结合社会实践理论对转译过程的四个阶段进行分析。

3.1 问题化：初始行动者的界定与网络雏形的建立

问题化是转译的第一步，这个阶段是促使行动者网络构建的基础。在此阶段，要界定及寻找目标实体，并在关系网络中设立“强制性通过点”，行动者只有围绕通过点进行协商，才能解决问题（Callon，1984：204–206）。

在阎氏小说译介发起网络中，初始行动者法国比基埃出版社和陈丰是阎氏小说译介发起的重要推手。阎连科小说在西方的译介最早始于法语，由比基埃出版社负责翻译出版，其作品在海外的成功译介是和出版社的推广分不开的。比基埃出版社现已发展成为法国最主要的亚洲文学专业出版商，组织翻译出版了包括阎连科在内的多位中国当代作家的作品，在中国当代文学法语翻译场域中积累了符号资本。阎氏作品的对外译介，首先通过比基埃出版社率先发起，然后走向其他语种国家的读者。其英译本和其他语种译本基本是按照法译本的顺序展开，法译本的书名翻译也直接影响了英译（祝一舒，2014）。阎连科在多次访谈中将自己作品在海外的译介归功于法国比基埃出版社和陈丰女士，称二者是其“作品外译的源头和发动机”（汪宝荣、阎连科，2021：3）。

陈丰曾任比基埃出版社“中国文学丛书”的主编兼策划人，阎连科将陈丰称为自己的伯乐，认为没有她就没有自己作品在欧美世界的知名度和接受度。陈丰的父亲是陈乐民先生，母亲是资中筠先生，这对学者伉俪致力于国际政治和关系研究。家庭教育的传递和熏陶，使陈丰积累了一定数量的文化资本。就教育成长轨迹来看，从北大附中到北京大学中文系，从社会科学院研究生院到赴法攻读博士，陈丰拥有的学术资格和文化能力使其获取了制度化的文化资本。陈丰享有优渥的教育资源，经历良好教育和文化熏陶所形成的独特文化品味和审美趣味内在化于行动者自身，所以陈丰在拟译作品选择上慧眼独具，对于具备文学推介价值的作品有敏锐的洞察力。陈丰本身也是一位译者，曾向比基埃出版社推荐组织翻译中国作家陆文夫的《美食家》，并与安妮·居里安合译成法语（祝一舒，2014）。从译者身份到具备专业素养的文学策划人，陈丰在文学和翻译场域获取了良好的社会声誉，其积累的文化资本转化为符号资本。作为职业文学策划人，陈丰在拟译中国当代文学作品的艺术价值上具备专业判断力和前瞻性，熟知目标语读者的阅读兴趣，对市场也有一定的预见性，在经过前期调研和专业预判的基础上向出版社推荐。

策划人陈丰和作家阎连科是由河南作家张宇介绍认识的，考虑到阎连科在文学场域的声望（符号资本）、作品本身的文学价值（文化资本）、在目标语国家的商业出版价值（经济资本）和图书市场的适销性，比基埃出版社和陈丰作为初始行动者组织发起阎氏小说的译介。初始行动者出版社和策划人确定项目选题后，还需要确认原作者、文本、经纪人、译者等其他行动者的参与，明确阎氏小说译介发起这一待解决的问题，且每个行动者都是解决该问题中不可或缺的参与者，由此阎氏小说译介发起网络雏形建立。在问题化阶段，通过界定原作者的行动者身份，明确阎氏小说的译介任务，出版社和策划人制订译介发起行动方案，并试图与其他行动者建立联系；所有行动者都要围绕阎氏小说译介发起这一强制性通过点实施行动。

3.2 利益赋予与征召：既定行动者的锁定强化与资本转化

在利益赋予阶段，各行动者被锁定在为其设置的角色中，主要行动者采用劝诱、协商、强制、暴力等方式招募和吸引目标实体。在征召阶段，目标实体的定位和角色确立后与主要初始行动者建立联系，同意被招募加入网络，成为参与网络建构的行动者。行动者网络理论中的“网络”指的是“一系列行动”（Latour，2005：128），网络不是静态不变的，而是由异质的、能动的行动者在互动联结中形成。该网络会不断延伸和转化，所以是动态的、生成的。行动者网络是由诸多不同的、互动的行动者通过异质工程建立起来的联系（Law，1987）。行动者与网络互相建构：网络由行动者联结而成，行动者存在于网络中，通过一系列行动获得身份的界定（Callon，1984）。各行动者在相互利益关系的基础上互动联结，从而稳定和巩固建立的联系。建构中的网络各结点会招募和动员新的行动者加入，通过资本的转化，把各分散的资源集中起来形成全新的、开放的、流动的、不稳定的阎氏小说译介发起网络。

最初发起阎氏小说译介的比基埃出版社不只考虑阎氏小说在法语国家的译介与传播，也注重其他语种国家的图书市场。基于此，出版社与阎连科签订的是欧盟版权（祝一舒，2014）。为推动阎氏小说在英语世界的译介与传播，比基埃利用自身的社会资本向阎连科介绍了经纪人劳拉，招募劳拉进入译介发起网络。劳拉是比基埃先生的好朋友，比基埃作为出版社社长，拥有相当数量的社会资本，能有效动员其社会关系招募劳拉作为阎连科的经纪人，帮助开拓英美市场。当然，劳拉也是为获取一定数量的经济资本，阎连科称经纪人代理费通常是作家版权费的 10%—15%（吕兆芳，2020）。经济资本和市场化的运作对于经纪人劳拉来说是一种良好的奖励机制，为获取更多的利益分配，劳拉也会极力推广阎氏的翻译作品，力图占据更多的图书市场份额。作为职业经纪人，劳拉敬业、高效，深受阎连科信赖。目前阎连科和劳拉的合作模式是将“自己作品与海外相关的所有事情，全都交给她处理”（汪宝荣、阎连科，2021：34）。具体来说，劳拉代理阎连科除华语和法语作品的全球版权，负责版权洽谈和签约事宜，联系并确定英语出版社、版税和印数，安排作品的宣传和推介。

为达到利益和影响的最大化，经纪人劳拉招募英、美、澳三家商业出版社出版阎氏小说英译本。商业出版社的实力、声誉和市场号召力是确保译介发起和传播的核心要素（汪宝荣，2019），考虑到这些因素，劳拉征召的三家出版社是北美的格罗夫 / 大西洋出版社（Grove / Atlantic, Inc.），英国的企鹅兰登书屋[①]（Penguin Random House），澳大利亚和新西兰的文本出版社（Text Publishing）（吕兆芳，2020）。英美文学场域中的这三家商业出版社在选择翻译对象和作品时，为获取更大的商业价值和经济利益会考虑在欧洲市场中业已经受住市场和读者考验的作品。经纪人劳拉也会与比基埃出版社和陈丰沟通，根据法国的出版节奏和经验，确定翻译选题和译介顺序，发起阎氏小说在英语世界的译介。阎连科在访谈中也提到其作品在“亚洲之外的翻译，都首先是从法语开始的，法语没有译，别的翻译就难以推开和介绍”（高方、阎连科，2014：19）。

阎连科也希望自己的作品走向海外，起初向陈丰推荐《斗鸡》，后来李敬泽先生将《受活》推荐给陈丰（汪宝荣、阎连科，2021）。陈丰因这部作品激越的想象力而受到冲击（陈丰，2014），遂向比基埃出版社推荐翻译。出版社在确定《受活》为翻译选题之后与阎连科签订翻译出版合同。《受活》是阎连科在法国最先签订合同翻译的作品，但因这部作品中大量的河南豫西方言及复杂的叙事结构使其翻译之路荆棘丛生。先后有两位译者拒绝翻译，“甚至有位翻译家翻了一部分，又把作品退回到比基埃”（高方、阎连科，2014：19）。因此，《受活》的翻译暂时搁置，出版社选取《为人民服务》来翻译。待译文本确定后出版社与阎连科签订图书版权，并和译者签订翻译合同，翻译项目继而展开。这部小说因为内容敏感在国内

---

① 起初在英国的出版集团是康斯特布尔–罗宾逊（Constable & Robinson），因该出版社面临被收购问题，劳拉后招募英国著名的企鹅兰登书屋加入译介发起网络。

读者中引发巨大争议，阎连科认为《为人民服务》无论是从思想性还是艺术性上来说都不是自己最理想的作品，甚至不具有多大代表性（高方、阎连科，2014）。但西方出版社在选择《为人民服务》作为其作品外译的敲门砖时，明显受到了意识形态因素的影响，意在满足西方读者对东方文化和社会现实的猎奇心理。拉图尔认为“任何通过制造差异而改变事物状态的东西都可以被称为行动者”（Latour，2005：71）。文本《受活》作为非人类行动者，其翻译难度对阎氏小说译介发起产生影响，改变了译介顺序；意识形态因素影响了阎连科小说初译文本的选择。从中可以看出，文本和意识形态虽然是非人类行动者，但并不是被动的“中介者”，而是能动的“转义者”。无论是策划人、出版社、原作者、译者等人类行动者，还是文本、意识形态等非人类行动者，都不是作为中介者“不加改变地传递意义或力量”，而是作为转义者“主动改变、转译、扭曲和修改原本所应承载的意义或元素”（Latour，2005：39）。任何一个行动者都有可能作为转义者而对发起网络产生影响。

姚建彬认为影响中国文学海外译介、传播与发展的主要因素除高效的版权代理人制度和专业化的作家经纪人外，还需要优秀的翻译（姚建彬，2020）。阎连科在访谈中提到，在其译者当中，给他带来英语读者的第一人是蓝诗玲（Julia Lovell），让英语读者进一步接受其作品的是辛迪·卡特（Cindy Carter），但是在英语中确立他一个作家地位的是译者罗鹏（Carlos Rojas）（高方、阎连科，2014）。《为人民服务》英文版是出版社招募汉学家蓝诗玲翻译的；《丁庄梦》英文版译者是辛迪·卡特，因其在网上发布选译的《丁庄梦》片段，被出版社招募为《丁庄梦》的英译者。但因译者个人原因，导致《丁庄梦》英译本拖稿一年多。之后，出版社和辛迪没有继续合作（高方、阎连科，2014）。行动者不是固定不变的实体，而是流动的（Latour，1996），在转译过程中，会不断招募新的行动者进入网络，在必要时也会解散某些行动者，推进项目继续，直至完成行动（Buzelin，2005）。《受活》法译本 *Bons Baisers de Linine*（《列宁之吻》）由知名译者林雅翎（Sylvie Gentil）完成，并于 2009 年出版。《受活》英译本 *Lenin's Kisses* 由罗鹏完成，出版于 2012 年，英译本的书名沿用法语版书名。起初罗鹏并不同意使用该英译名，但出版社考虑到法语版《受活》的影响力，以及外文名称统一以免造成读者接受混乱，因而坚持使用 *Lenin's Kisses*，后来罗鹏也逐渐喜欢上这个名字（卡洛斯·罗杰斯、曾军，2013）。《受活》英译本成功面世后，获得诸多好评和奖项，阎连科也因此被更多的英语读者所认识。从《受活》到《心经》，罗鹏共翻译阎连科十部作品，成为阎连科在英语世界的代言人。

罗鹏既是中国文学的研究者，也是“中国当代文学的重要英译者之一”（朱振武，2017：272），其译作数次获奖，被称为“美国新锐汉学家”（朱振武、张惠英，2016：57）。罗鹏 1995 年毕业于康奈尔大学，获比较文学与东亚文学研究学士学位，后来在哥伦比亚大学攻读中国现当代文学方向的博士学位，师从王德威（李松、罗鹏，2019）。现任教于杜克大学，为杜克大学亚洲与中东研究系教授。纵观罗鹏的学术发展轨迹，罗鹏拥有的学术头衔、获取的学术资格是得到国家认可和保障的制度化的文化资本。哥伦比亚大学所认可和颁发的学位、学衔是行动者价值的体现，说明译者罗鹏具备官方承认的、稳定且值得信赖的能力。作为海外中国现当代文学研究者之一，罗鹏出版多部中国现当代文学与文化专著，获得一定的文化资源，其扎实的文学理论基础和经学术训练后具备的良好文学修养，为罗鹏从事中国当代文学英译提供了文化资本。

各行动者在文学翻译场域中，拥有一个稳定、相互联系、彼此熟识的社会关系网络，译者罗鹏被招募进入阎氏小说译介网络就是通过行动者之间的人际关系而获取的社会资本运作的结果。2010—2011 年，王德威和刘剑梅将罗鹏介绍给阎连科，再由阎连科向经纪人和出版社推荐（高方、阎连科，2014；季进，2018；汪宝荣、阎连科，2021），出版社和经纪人与罗鹏交涉向其发起邀约（张倩，2019）。再者，罗鹏凭借和周成荫合译余华的《兄弟》介入美国文学和翻译场域，已具备一定的威信和声誉，在文学翻译场域中积累了符号资本。在阎氏作品译介发起网络中，行动者罗鹏在翻译场域中具备文化资本、社会资本和符号资本，从而促使出版社与罗鹏建立起良好的合作关系。阎连科和罗鹏有稳定长期合作的意向，自《受活》后阎氏作品即进入“罗鹏译”时代，汉学家罗鹏成为阎连科的首席英语译者。

3.3 动员：发起行动者网络的“代言人”与网络的巩固

转译过程的最后一个阶段是动员阶段，所有被招募的行动者成功构建起一个行动者网络，并共同维护和稳定该网络，防止其溃散和失败，同时也不断扩展网络的范围和边界。在此阶段，由代言人进行动员组织，确保各行动者能相互协作、实现目标（Callon，1984）。在阎氏小说译介发起网络中，出版社扮演着“代言人”的角色，在译介计划、翻译选材、译介顺序和译者招募上起着主导作用。在策划人陈丰的协助下，比基埃出版社根据阎氏作品的长短和接受难易度，持续有计划地安排翻译和出版，节奏张弛有致：最先译介《为人民服务》这部篇幅短小、内容敏感、容易推广的小说，打开海外读者市场；经过“聚光效应”后，安排出版长篇且会给海外读者带来苦痛阅读体验的《丁庄梦》；继而译介不同风格的散文《我与父辈》、中篇小说《年月日》；培养出稳定的目标读者群之后，翻译出版《受活》《四书》《日光流年》等奠定阎连科文坛地位的重量级作品，让读者循次而进走入阎连科的文学世界；之后翻译出版奇异“神实”和幽默欢乐的《炸裂志》（高方、阎连科，2014：21）。英、美、澳出版社基本按照比基埃出版社的译介顺序翻译出版，这种“一长一短、苦难和轻松搭配、出版时间张弛安排”的推介方法是阎氏作品能赢得海外读者的重要因素（陈丰，2014：72）。在阎氏小说译介发起行动者网络中，出版社充分利用自身资本，最大程度地统合各方力量，推动形成一个利益共享、分工协作的行动者网络，有力保障了译介项目的发起。

4 对中国文学外译项目发起的启示

本文以阎氏小说译介发起行动者网络为个案，侧重对译介发起过程的考察，对中国文学海外译介与传播尤其是发起方面的启示有三个方面。

第一，中国文学走出去要有创建行动者网络的意识。项目发起是译介和传播的前提和起点，要注重译介发起的过程性分析和行动者分析及其互动关系的考察，加强网络的构建和转译过程机制研究。阎氏小说译介属于西方商业出版社发起并出版——招募汉学家翻译模式，要善于利用这种国际翻译出版行业发起运作的网络模式，借助西方商业出版社的声誉和市场号召力等外力因素助推中国文学走出去。

第二，要注重市场因素，发起行动者除考虑中国作家在西方文学场域的符号资本和作品的诗学价值外，也会考虑作品在西方市场的适销性。西方商业出版社有着强烈的市场意识和市场思维，追求市场效应和经济利益，注重对目标语读者市场的考察。中国文学走出去不能忽视市场运作的作用，重视原作文学价值的同时要兼顾目标读者和市场。

第三，建立健全文学策划人和经纪人、版权代理人制度。翻译商业化和产业化的不断深入需要专业化的作家经纪人。从阎氏小说译介发起项目来看，行动者之间配合默契，阎连科专注于文学创作，其余事宜交由陈丰和劳拉打理，策划人、经纪人和出版社在交流与互动、推介与策划发起方面发挥的作用不容忽视，其专业高效的规范化运作推动了阎氏小说的成功译介。

5　结语

本文结合行动者网络理论以及社会实践理论中的“场域、资本”等概念，具体化各行动者之间如何相互联结、如何进行协商，展示了行动者之间错综复杂的关系，分析行动者如何在场域内通过资本转化，促成译介发起网络的形成和运行，并对转译机制及过程试作社会学分析。社会学视角下阎氏小说译介发起网络的构建和转译过程如下。（1）在问题化阶段，法国商业出版商比基埃出版社和策划人陈丰作为初始行动者，凭借其拥有的经济资本、符号资本和文化资本进入翻译场域，界定和搜寻各行动者。（2）在利益化和征召阶段，通过各种手段招募和吸引目标行动者进入阎氏小说译介发起网络，初始行动者凭借社会资本招募作者阎连科和文本进入网络（通常选择获取了符号资本的作家作品）。被招募的行动者会通过资本的转化招募越来越多的行动者进入网络，在打开法国市场获得成功的基础上，进一步扩大阎连科在英语世界的影响及销售市场，比基埃又招募经纪人劳拉负责阎氏小说在英语世界的翻译与出版事宜，劳拉招募三家英、美、澳商业出版社推动阎氏小说在英语世界的译介。之后译者蓝诗玲、辛迪・卡特和罗鹏被征召进入网络。各行动者确定了自己的角色和定位，互动互联，阎氏小说译介发起网络基本构建完成。（3）在动员阶段，在“代言人”出版社的组织安排下，各行动者共同协商合作。英、美、澳出版社按照法国比基埃出版社的译介顺序持续系统地发起阎氏小说在英语世界的译介。译介发起不是单个行动者的“独奏”，而是一个复杂的“协奏”过程，该过程涉及多元行动者，呈现出网络化的运作特点。将社会实践理论和行动者网络理论结合，为还原这种复杂互动提供了有益的理论视角。

参考文献

BUZELIN H, 2005. Unexpected allies: how Latour's network theory could complement Bourdieusian analyses in translation studies [J]. The translator, (2): 193-218.

BUZELIN H, 2013. Sociology and translation studies [C]// In MILLAN C, BARTRINA F, (Eds.), The Routledge handbook of translation studies. London & New York: Routledge: 186-200.

CALLON M, LATOUR B, 1981.Unscrewing the big Leviathan: how actors macro-structure reality and how sociologists help them to do so [C]//In KNORR-CETINA K, CICOUREL A V, (Eds.), Advances in social theory and methodology: toward an integration of micro- and macro-sociologies. London: Routledge & Kegan Paul: 277-303.

CALLON M, 1984. Some elements of a sociology of translation: domestication of the scallops and the fishermen of St Brieuc Bay [J]. The sociological review, (1): 196-233.

HADDADIAN-MOGHADDAM E, 2012. Agents and their network in a publishing house in Iran [C]//In PYM A, ORREGO-CARMONA D, (Eds.), Translation research projects 4. Tarragona: Intercultural Studies Group: 37-50.

HEKKANEN R, 2009. Fields, networks and Finnish prose: a comparison of Bourdieusian Field Theory and Actor-Network Theory in translation sociology [C]//In LUCKACS A, (Ed.), Translation and the (trans)formation of identities: selected papers of the CETRA research seminar in translation studies. Leuven: CETRA, KU Leuven: 1-22.

LATOUR B, 1996. On Actor-Network Theory: a few clarifications [J]. Soziale Welt, (4): 369-381.

LATOUR B, 1999. Pandora's hope: essays on the reality of science studies [M]. Cambridge & Massachusetts: Harvard University Press.

LATOUR B, 2005. Reassembling the social: an introduction to Actor-Network-Theory [M]. Oxford: Oxford University Press.

LAW J, 1987.Technology and heterogeneous engineering: the case of the Portuguese expansion [C]//In BIJKER W, HUGHEST P, PINCH T, (Eds.), The social construction of technological systems: new directions in the sociology and history of technology. Cambridge, MA: MIT Press: 111-134.

Walker L E, 2015. Unbinding the Japanese novel in English translation: the Alfred A. Knopf program, 1955–1977 [D]. Helsinki: University of Helsinki.

陈丰，2014. 阎连科作品在法国的推介 [J]. 东吴学术，（5）：72-74.

冯正斌，唐雪，2021. 社会翻译学视域下中国当代文学外译机制研究——以贾平凹《高兴》英译为中心 [J]. 山东外语教学，（4）：115-126.

傅敬民，张开植，2022. 翻译的社会性与社会的翻译性 [J]. 解放军外国语学院学报，（1）：120-127.

高方，阎连科，2014. 精神共鸣与译者的“自由”——阎连科谈文学与翻译 [J]. 外国语，（3）：18-26.

季进，2018. 关于概念、类别和模糊界限的思考——罗鹏教授访谈录 [J]. 南方文坛，（5）：40-48.

卡洛斯・罗杰斯，曾军，2013. 从《受活》到《列宁之吻》——杜克大学卡洛斯・罗杰斯访谈录 [J]. 当代作家评论，（5）：107-112.

李晋，肖维青，2023. 社会翻译学视阈下的中国当代科幻文学海外译介：发起、生产与传播 [J]. 语言与翻译，（2）：63-69.

李松，罗鹏，2019. 华文文学研究的问题与方法——Carlos Rojas（罗鹏）教授访谈录 [J]. 世界华文文学论坛，（4）：58-63.

刘晓峰，惠玲玉，2023. 社会翻译学理论融合问题再思考 [J]. 上海翻译，（1）：13-18.

刘毅，2021.《射雕英雄传》在西方的译介与传播：行动者网络、译者惯习与翻译策略 [J]. 解放军外国语学院学报，（2）：58-65.

吕兆芳，2019. 广义修辞学视域下《受活》和《四書》英译研究 [D]. 武汉：武汉大学.

吕兆芳，2020. 从本土创作到海外译介——作家阎连科文学与翻译访谈录 [J]. 山东外语教学，（4）：3-9.

汪宝荣，2014. 葛浩文英译《红高粱》生产过程社会学分析 [J]. 北京第二外国语学院学报，（12）：20-30.

汪宝荣，2019. 中国文学译介传播模式社会学分析 [J]. 上海翻译，（2）：1-6.

汪宝荣，2020. 中国文学译介与传播行动者网络模式 [J]. 解放军外国语学院学报，（2）：34-42.

汪宝荣，阎连科，2021. 关于阎连科作品在欧美译介与传播的对谈 [J]. 燕山大学学报（哲学社会科学版），22（2）：32-38.
王岫庐，2019. 行动者网络翻译研究 [J]. 上海翻译，（2）：14-20.
邢杰，黎壹平，张其帆，2019. 拉图尔行动者网络理论对翻译研究的效用 [J]. 中国翻译，（5）：28-36.
姚建彬，2020. 对中国文学海外传播的反思与建议 [J]. 外国语文，（4）：1-10.
张倩，2019. 对中国文学翻译的思考与践行——美国翻译家、汉学家罗鹏教授访谈录 [J]. 中国翻译，（2）：105-110.
祝一舒，2014. 翻译场中的出版者——毕基埃出版社与中国文学在法国的传播 [J]. 小说评论，（2）：4-13.
朱振武，张惠英，2016. 此中有"真译"——罗鹏英译《受活》的权变之道 [J]. 当代外语研究，（1）：59-64.
朱振武，2017. 汉学家的中国文学英译历程 [M]. 上海：华东理工大学出版社.

（责任编辑　刘晓峰）

作者简介： 仇峰，中国人民大学外国语学院博士研究生，北京信息科技大学讲师，研究方向为文学翻译。杨彩霞，中国人民大学外国语学院教授、博士生导师，研究方向为文学翻译、汉学家译者研究。

作者电子邮箱： 仇峰 qiufeng1102@163.com
杨彩霞 yangcx@ruc.edu.cn

远程口译环境下视译与有稿同传的比较研究

王羽迪
北京大学

摘　要： 本研究采用实验研究法，以北京大学日语口译方向MTI学生为研究对象，探讨远程口译环境下视译与有稿同传的质量差异及其影响因素。研究设计了视译和有稿同传两种口译任务，采集学生的口译音频并进行专家评分。同时，研究通过问卷调查了解学生对远程口译实验的主观评价。研究发现：（1）在远程环境下，学生的视译质量显著优于有稿同传；（2）个体在两种口译模式下的得分呈正相关；（3）远程环境的技术和环境因素可能加剧有稿同传中听觉信息的干扰效应，影响口译质量；（4）学生总体上认为远程口译实验有助于提升口译技能和适应远程工作模式，但也指出了远程环境的局限性。本研究丰富了口译认知研究的实证基础，为优化远程口译教学和实践提供了建议，具有一定的理论和实践意义。

关键词： 远程口译；日汉口译；实证分析；视译；翻译教学

A Comparative Study of Sight Translation and Simultaneous Interpreting with Text in Remote Interpreting Settings

WANG Yudi

Peking University

Abstract: This study adopts an experimental approach to investigate the quality differences and influencing factors between sight translation and simultaneous interpreting with text in remote interpreting settings, with a focus on Japanese-Chinese MTI students at Peking University. The study designs two interpreting tasks, i.e., sight translation and simultaneous interpreting with text, collects students' interpreting audios, and conducts expert scoring. Meanwhile, the study employs questionnaires to understand students' subjective evaluation of the remote interpreting experiment. The findings reveal that: (1) in remote settings, students' sight translation quality is significantly better than simultaneous interpreting with text; (2) individuals' scores in the two interpreting modes are positively correlated; (3) technical and environmental factors in remote settings may exacerbate the interference effect of auditory information in simultaneous interpreting with text, thus affecting interpreting quality; (4) students generally believe that the remote interpreting experiment helps improve their interpreting skills and adapt to remote working modes, but they also point out the limitations of remote environments. This study enriches the empirical basis of interpreting cognitive research and provides suggestions for optimizing remote interpreting teaching and practice, which has certain theoretical and practical significance.

Keywords: remote interpreting; Japanese-Chinese interpretation; empirical research; sight translation; translation pedagogy

1 引言

随着科技的发展和全球化的深入，远程口译已成为口译领域的一种新兴模式，为跨地区和跨国交流提供了便利（Braun，2015）。远程口译打破了时空限制，使口译服务更加灵活和可及，但同时也带来了新的挑战，如技术问题、听觉困难、疲劳、分心和孤立感等（洪岗、洪森，2022；姚斌，2023）。尽管远程口译的应用日益广泛，但其在教学和实践中的有效性和质量问题仍有待深入探讨（王斌华，2020；张爱玲、丁宁，2021）。

视译和有稿同传是口译实践和教学中的两种重要模式。视译是口译员在不借助听觉输入的情况下，将书面源语言文本转换为口头目标语言文本的过程；有稿同传则是口译员在同声传译过程中借助源语言文本进行口译的模式（波赫哈克，2021）。这两种模式在认知过程、训练方法和质量评估等方面存在差异，且在远程环境下的表现尚未得到充分研究（杨承淑、邓敏君，2011；孙哲，2015；赵雪琴等，2019）。

鉴于远程口译的发展趋势和视译、有稿同传在口译教学与实践中的重要性，本研究旨在探究远程环境下视译和有稿同传的质量差异，以及听觉信息对口译表现的影响。这对于优化远程口译教学策略、提升口译人才培养质量具有重要意义。同时，本研究也为远程口译实践提供经验和启示，助力口译行业适应新的工作模式和环境。

本研究拟回答以下问题。（1）在远程环境下，视译和有稿同传的口译质量是否存在显著差异？（2）在远程有稿同传中，听觉信息的加入是否对学生译员的译出质量产生影响？若有，是正面还是负面影响？（3）学生译员如何评价远程口译实验，其反馈对远程口译教学和实践有何启示？

基于文献综述和研究问题，本研究提出以下假设。（1）在远程环境下，视译的口译质量优于有稿同传。这是因为视译中单一的视觉输入可能比有稿同传中的视听双重输入更有利于口译员集中注意力和处理信息（卢植、郑有耀，2021）。（2）在远程有稿同传中，听觉信息的加入可能对学生译员的译出质量产生负面影响。这是因为听觉信息可能干扰学生译员对视觉输入的处理，增加其认知负荷（吉尔，2021），尤其在远程环境下，技术问题和环境噪音可能进一步加剧这种干扰。（3）学生译员可能认为远程口译实验具有一定的挑战性，如缺乏互动、易受环境干扰等，但同时也可能认识到其灵活性和便利性。他们的反馈可为优化远程口译教学策略、改善实验设计提供参考。

2　文献综述

2.1　远程口译的概念和发展

远程口译是指口译员利用信息通信技术，为不同地点的参会者提供实时口译服务的模式（Braun，2015）。它突破了传统口译的时空限制，使口译服务更加灵活和可及。远程口译可分为音频口译和视频口译，前者通过电话等音频设备进行，后者则借助视频会议平台实现。

随着全球化的深入和技术的进步，远程口译在各领域得到了广泛应用，如国际会议、商务谈判、医疗服务等。然而，远程口译也面临诸多挑战，如技术问题、听觉困难、疲劳、分心和孤立感等（洪岗、洪淼，2022；姚斌，2023）。此外，远程口译对口译员的设备、技术和环境要求较高，如稳定的网络、高质量的音视频设备和安静的工作环境等（王小曼、王斌华，2021）。

尽管远程口译的研究日益增多，但其教学和实践的有效性和质量问题仍有待深入探讨。现有研究主要关注远程口译的技术应用和优缺点分析，对其教学模式和实践策略的实证研究相对较少（王斌华，2020；张爱玲、丁宁，2021）。

2.2 视译和有稿同传的研究现状

视译是口译员将书面源语言文本转换为口头目标语言文本的过程，它常作为同声传译训练的准备阶段和教学手段（波赫哈克，2021）。有稿同传则是口译员在同声传译过程中借助源语言文本进行口译的模式，它兼具视觉和听觉输入（吴聪，2014）。

视译和有稿同传的研究主要集中在以下三个方面：（1）认知过程研究，探讨口译员在视译和有稿同传中的信息处理机制和策略（杨承淑、邓敏君，2011；苏雯超，2023）；（2）教学与训练研究，探讨视译和有稿同传的教学方法、教材设计和训练模式（孙哲，2015；钱多秀、唐璐，2014）；（3）质量评估研究，探讨影响视译和有稿同传质量的因素及评估标准（徐悦、吴倩琰，2016；赵雪琴等，2019）。

已有研究表明，视译和有稿同传在认知加工和质量表现上存在差异。视译以视觉输入为主，而有稿同传兼具视觉和听觉输入，后者可能增加口译员的认知负荷，导致漏译等问题（王建华，2009；吴聪，2014）。此外，视译和有稿同传对口译员的注意力分配和工作记忆能力提出了不同要求（卢植、郑有耀，2021；苏雯超，2023）。

2.3 远程环境下视译和有稿同传的研究缺口

尽管视译和有稿同传的研究日益深入，但针对远程环境下二者差异的实证探讨仍然不足。现有研究多在传统教学或实践环境中进行，鲜少考虑远程条件的特殊性（王斌华，2020）。远程环境下，口译员面临技术、环境、互动等方面的新挑战，这可能对其认知加工和口译表现产生影响（洪岗、洪淼，2022；姚斌，2023）。

此外，听觉输入在远程有稿同传中的作用尚未得到充分关注。一方面，听觉输入可能为口译员提供补充信息，帮助其理解和表达（吉尔，2021）；另一方面，在网络不稳定或环境嘈杂的情况下，听觉输入也可能成为干扰因素，影响口译质量（姚斌，2023）。

鉴于远程口译的发展趋势和视译、有稿同传在口译教学与实践中的重要性，有必要开展实证研究，探究远程环境下二者的质量差异及听觉输入的影响，以期为远程口译教学和实践提供理论支撑和实践指导。

3　研究方法

3.1　实验设计

本研究采用实验研究法，设计了远程视译和有稿同传两种实验情境。实验自变量为口译模式（视译或有稿同传），因变量为口译质量表现。为控制练习效应和难度差异，实验采取相同材料、固定顺序的设计，即先进行视译，再进行有稿同传。该设计也有利于考察视译作为同传训练手段的有效性。

实验在线上进行，被试使用自备设备和远程平台完成口译任务，模拟真实的远程口译情境。实验分为三个阶段：准备阶段（任务说明和译前准备）、口译阶段（视译和有稿同传任务）、反馈阶段（问卷调查和数据提交）。口译过程全程录音，以便后续评估和分析。

3.2　实验被试的选择

本研究采用目的抽样，选取北京大学 2022 级和 2021 级 MTI 日语口译方向学生作为实验被试。MTI 学生具有扎实的语言基础并经过一定的口译训练，其口译表现相对稳定，能够满足实验要求。为确保被试口译能力的同质性，本研究对被试进行了背景调查，并设置了参与标准，如日语口译学习时间、口译实践经历等。

实验共招募到 32 名被试，其中 2022 级 16 名，2021 级 16 名。另有 1 名 2021 级 MTI 笔译方向学生参与预实验，以检验实验设计的可行性和优化实验流程。所有被试均签署了知情同意书，自愿参与实验。

3.3　实验材料和过程

实验材料选自东京大学 2019 年度开学典礼上野千鹤子教授的致辞。该致辞内容丰富，时长适中（约 14 分钟），难度适合 MTI 学生的口译水平。研究者对原始材料进行了编辑和调整，制作成视译文稿（约 4,200 字）和有稿同传音频（约 14 分钟）。

实验分两轮进行，分别于 2022 年 11 月 28 日和 29 日在线上实施。正式实验前，研究者先与被试进行了线上说明会，介绍实验目的、流程和注意事项，并安排被试填写背景问卷。

每轮实验包括视译和有稿同传两个任务，中间设置休息时间。被试在规定时间内完成译前准备，然后进行视译任务并录音。视译结束后，被试休息片刻，再进行有稿同传任务并录音。口译结束后，被试完成反馈问卷，并提交口译录音和笔记等数据。整个实验过程在线上进行，研究者全程监控实验进度和数据收集情况。

3.4 数据收集和分析方法

本研究收集的数据如下。（1）口译录音：被试提交的视译和有稿同传录音，用于评估口译质量；（2）背景问卷：被试的基本信息和口译学习背景，用于确保样本同质性；（3）反馈问卷：被试对自身表现、难点和远程实验的评价，用于了解其主观感受；（4）笔记：被试的口译笔记，用于辅助分析其口译策略。

口译质量评估采用专家评分法。两位资深口译教师根据语音、语义、语用等维度，对译文进行独立、盲评打分（徐悦、吴倩琰，2016）。评分结果经信度检验后，采用配对样本 T 检验分析视译和有稿同传质量的差异。问卷数据采用描述性统计和内容分析法进行分析，以了解被试对远程口译实验的主观评价。笔记数据采用内容分析法，探索被试在不同口译模式下的策略差异。

数据分析采用 SPSS 软件进行，以提高分析效率和可靠性。研究者对量化数据进行统计分析，对质性数据进行编码和主题归纳，最后对不同来源的数据进行综合分析，以回答研究问题，检验研究假设。

4 研究结果

4.1 视译和有稿同传的质量差异

为探究视译和有稿同传的质量差异，本研究对专家评分结果进行了配对样本 T 检验。结果显示，视译的平均得分（M=81.20，SD=5.67）显著高于有稿同传（M=78.22，SD=5.89），t(63)=2.96，p=0.004，Cohen’s d=0.37。这表明，在远程环境下，被试的视译表现优于有稿同传，假设（1）得到验证。

进一步的相关分析发现，被试的视译和有稿同传得分呈显著正相关，r(62)=0.85，$p < 0.001$。这提示个体在两种口译模式下的表现具有一致性，优秀者在视译和有稿同传中均表现出色。

为排除被试背景因素的影响，本研究对不同年级被试的得分进行了独立样本 T 检验。结果表明，2022 级和 2021 级被试在视译和有稿同传上的得分差异均不显著（$p > 0.05$）。这进一步确保了实验结果的可靠性。

4.2　远程环境对口译质量的影响

在有稿同传反馈问卷中，53.13% 的被试认为听觉信息对其译文质量产生了负面影响。他们提到，听觉信息干扰了对视觉输入的处理，增加了认知负荷，导致漏译、错译等问题。这与吉尔（2021）提出的认知负荷模型相一致。

与之相对，46.87% 的被试认为听觉信息对译文质量无影响或有正面影响。他们认为听觉输入提供了补充信息，有助于理解原文，并起到提示和纠错作用。这表明听觉信息在有稿同传中的影响因人而异。

在远程环境方面，59.38% 的被试认为，网络不稳、设备故障、环境噪音等因素对其口译表现产生了负面影响。他们报告了声音延迟、断续、嘈杂等问题，这加剧了听觉信息的干扰效应。这与姚斌（2023）指出的远程口译技术挑战相吻合。

根据综合问卷和评分结果，本研究发现，远程环境下的技术和环境因素可能放大了有稿同传中听觉信息的干扰作用，导致部分被试的译文质量下降。这验证了假设（2），即在远程有稿同传中，听觉信息的加入对学生译员的译文质量产生负面影响。

4.3　学生对远程口译实验的反馈

通过反馈问卷，本研究了解到被试对远程口译实验的主观评价。总体而言，被试对实验设计和材料选择给予了积极评价，87.50% 的被试认为实验难度适中，材料长度和主题合适。

在视译反馈中，81.25% 的被试认为视译有助于提高口译技能，是有效的同传训练方式。他们认为视译训练了语言转换、信息提取和表达组织能力，为有稿同传奠定了基础。这与钱多秀、唐璐（2014）的观点一致。

在有稿同传反馈中，68.75% 的被试认为有稿同传比视译更具挑战性。他们提到，同时处理视听输入、协调译音节奏等方面存在困难，需要更多练习。这表明有稿同传对学生译员的认知协调和分配能力提出了更高要求。

针对远程实验环境，75.00% 的被试认为其与传统教学环境存在一定差异，如缺乏面对面交流、易受外界干扰等。但他们也看到了远程实验的优势，如灵活性、便利性和仿真性。这为优化远程口译教学提供了启示，需平衡线上、线下教学，营造互动氛围，提供技术支持（卢信朝，2020；王斌华，2020）。

总的来说，学生对远程口译实验持积极态度，认为其有助于提升口译技能和适应远程工作模式。同时，他们也指出了远程环境的局限性，为教学设计和实践应用提供了反馈。这验证了假设（3），即学生译员能够认识到远程口译实验的挑战性和启发性，其反馈对优化实验设计和教学策略具有参考价值。

5 讨论

5.1 视译和有稿同传质量差异的原因分析

本研究发现，在远程环境下，被试的视译表现显著优于有稿同传。这可能源于两种口译模式在认知加工机制上的差异。视译以视觉输入为主，被试可以自主控制阅读节奏，灵活分配注意力，减少了工作记忆负荷。相比之下，有稿同传需同时处理视听输入，协调阅读、听辨、理解、表达等多个任务，对工作记忆和认知控制能力提出了更高要求。

视译作为同传训练的常用方法，被试可能更加熟悉其流程和策略，如预读、归类、简化等，这有助于提高视译表现。而有稿同传作为一种特殊的同传模式，被试可能缺乏足够的练习和经验，导致其表现不及视译。

综合来看，视译和有稿同传在认知需求和训练熟练度上的差异可能是导致二者质量差异的主要原因。这提示我们在口译教学中，需加强有稿同传的针对性训练，如音视频同步处理、多任务协调等，以提升学生在该模式下的表现。

5.2 远程环境对口译质量影响的解释

研究结果显示，远程环境下的技术和环境因素可能放大了有稿同传中听觉信息的干扰作用，导致部分被试的译文质量下降。这可以从以下几个角度解释：首先，网络不稳、音质失真等技术问题会增加听辨难度，干扰被试对听觉输入的理解和处理。其次，居家环境的噪音、打扰等因素会分散被试的注意力，影响其专注度和表现。再者，远程模式缺乏面对面交流和现场氛围，被试可能难以快速调整状态，适应口译节奏。

这些因素叠加在一起，可能加重了有稿同传中听觉信息的干扰效应，导致部分被试出现遗漏、失误等问题。这提示我们在远程口译教学和实践中，需重视技术保障和环境优化，如提供稳定的网络、高质量的音视频设备、安静的工作空间等，以减少外界干扰，营造良好的口译条件。

6 结论

6.1 研究结果

本研究通过实证分析，探讨了远程环境下视译和有稿同传的质量差异及其影响因素。研究发现:（1）在远程环境下，学生的视译质量显著优于有稿同传;（2）个体在视译和有稿同传中的得分呈显著正相关;（3）远程环境的技术和环境因素可能加剧有稿同传中听觉信息的干扰效应，影响口译质量;（4）学生总体上对远程口译实验持积极态度，认为其有助于提升口译技能和适应远程工作模式，同时也指出了远程环境的局限性。

这些发现验证了本研究提出的假设，即在远程环境下，视译的口译质量优于有稿同传；在远程有稿同传中，听觉信息的加入对学生译员的译出质量产生负面影响；学生译员能够认识到远程口译实验的挑战性和启发性。

6.2 对口译教学和实践的启示

本研究的结果对远程口译教学和实践具有重要启示。视译作为同传训练的有效方法，应继续在远程教学中发挥作用。教师可通过线上平台，为学生提供丰富的视译材料和实时反馈，帮助其强化基本功，为同传学习奠定基础。而有稿同传作为一种特殊的同传模式，需加强针对性训练。教师应设计模拟远程口译的练习，让学生熟悉音视频同步处理、多任务协调等技能。同时，教师需引导学生调节认知策略，如笔记简化、信息筛选等，以应对远程环境的特殊挑战。

在远程口译教学中，教师需营造互动氛围，提供情感支持。教师可通过小组讨论、在线答疑等方式，加强师生、生生互动，营造积极的学习氛围。同时，教师需关注学生的心理状态，提供及时的鼓励和反馈，缓解其焦虑和孤独感。

在远程口译实践中，需重视技术保障和环境优化。口译员应选择稳定的网络、高质量的设备，确保音视频传输的清晰流畅。同时，口译员需营造安静的工作环境，减少外界干扰，保持专注状态。此外，口译员需主动与发言人、听众沟通，了解其需求和反馈，以提供优质的口译服务。

综上所述，远程口译教学和实践需综合考虑技术、认知、情感等因素，灵活调整策略，以适应新的工作模式和环境。只有不断优化教学设计、强化针对性训练、营造互动氛围、提供技术保障，才能真正提升远程口译的教学质量和实践水平。

6.3 研究局限性和未来研究方向

本研究虽然取得了一定成果，但仍存在一些局限性。首先，研究样本仅限于两个年级的 MTI 口译方向学生，样本量相对较小，可能影响结果的外部效度。未来研究可扩大样本规模，纳入更多院校和专业的学生，以提高结果的普适性。其次，本研究仅考察了日译汉方向的口译表现，未涉及其他语言方向。鉴于不同语言在语音、语法、语用等方面的差异，远程口译的影响因素可能有所不同。未来研究可开展跨语言比较，探究不同语言方向的远程口译特点和规律。再者，本研究主要采用专家评分和问卷调查的方法，缺乏对口译过程的实时追踪。未来研究可引入键盘记录、眼动追踪等技术，深入考察被试在远程口译中的认知加工过程，揭示其决策机制和策略选择。

参考文献

BRAUN S, 2015. Remote interpreting [C]//In MIKKELSON H, JOURDENAIS R, (Eds.). The Routledge handbook of interpreting. London: Routledge: 352-367.

波赫哈克，2021. 劳特利奇口译研究百科全书 [C]. 仲伟合，等，译. 北京：外语教学与研究出版社.

洪岗，洪淼，2022. 远程会议口译的风险及防范 [J]. 上海翻译，(4)：40-45.

吉尔，2021. 认知负荷模型在口译教学中的建构 [J]. 翻译界，(1)：1-24.

卢信朝，2020. 基于视频会议平台的远程同步口译教学——以北外高翻同声传译课程为例 [J]. 中国翻译，41（4）：76-84+191.

卢植，郑有耀，2021. 英汉隐喻视译过程中注意资源分配的眼动实验研究 [J]. 外语学刊，(5)：72-79.

钱多秀，唐璐，2014. 视译课程教学思考 [J]. 中国翻译，35（3）：53-56.

苏雯超，2023. 有稿同传认知加工过程中的眼动研究 [J]. 中国外语，20（3）：97-105.

孙哲，2015. 日语口译课堂教学中同声传译的训练方法 [J]. 新课程（下），(10)：72-73.

王斌华，2020. 疫情之下的英国利兹大学远程翻译教学管理 [J]. 中国翻译，41（6）：75-76.

王建华，2009. 英文带稿的摘要式视译记忆实验研究 [J]. 外语与外语教学，(12)：53-56.

王小曼，王斌华，2021. 口译行业新动态：远程会议口译主流平台及其技术 [J]. 中国翻译，42（5）：105-112.

吴聪，2014. 有稿同传与视译在同声传译中的比较 [J]. 海外英语，(15)：138-139.

徐悦，吴倩琰，2016. 视译质量评估参值表研制 [J]. 绍兴文理学院学报（教育版），36（2）：56-60.

姚斌，2023. 远程同声传译的挑战与对策 [J]. 中国科技翻译，36（2）：22-25.

张爱玲，丁宁，2021. 抗疫背景下的远程专业口译教学 [J]. 中国翻译，42（1）：81-88.

杨承淑，邓敏君，2011. 老手与新手译员的口译决策过程 [J]. 中国翻译，32（4）：54-59.

赵雪琴，徐晗宇，陈莹，2019. 视译过程中认知负荷与译文质量相关性研究——以汉语逻辑连词英译为例 [J]. 外语研究，36（4）：12-15+43+112.

（责任编辑　孙三军）

作者简介：王羽迪，北京大学外国语学院日语系博士研究生，研究方向为日汉口译、日汉翻译、翻译口译技术等。

作者电子邮箱：260315191@qq.com

建构主义视域下翻译技术教学模式探索

——《翻译技术的项目教学模式》述评[①]

朱 玉 王少爽
辽宁对外经贸学院 大连外国语大学

摘 要： 随着人工智能的快速发展和信息技术与语言服务行业融合的日益深化，翻译技术能力已成为译者必备的职业技能。米切尔–舒特沃尔德所著的《翻译技术的项目教学模式》一书以建构主义理论为指导，提出采用项目制教学模式，旨在培养学生的翻译技术应用能力。本文对该书的主要内容进行了解读，探讨了其在翻译技术能力培养方面的创新做法，并从翻译技术教学、翻译技术学习和翻译技术教材编写三个方面阐述该书的启示意义，力求推动翻译技术教育改革，提升应用型翻译人才培养质量。

关键词： 建构主义；翻译项目；翻译技术能力；翻译技术教学

Review of *A Project-Based Approach to Translation Technology*

ZHU Yu
Liaoning University of International Business and Economics
WANG Shaoshuang
Dalian University of Foreign Languages

Abstract: In the context of the rapid development of artificial intelligence and the increasing integration of information technology into the language industry, translation technology competence has become an essential skill for translators. *A Project-Based Approach to Translation Technology*, a book written by Rosemary Mitchell-Schuitevoerder, aims to cultivate students' translation technology competence by adopting a project-based teaching approach guided by constructivism theory. This book

① 本文系国家社会科学基金一般项目“技术赋能时代译者信息素养的发展机制研究”（19BYY127）和辽宁省研究生教育教学改革研究项目“数字化转型背景下翻译硕士专业学位研究生信息素养教育模式创新与实践”（LNYJG2022425）阶段性成果。

review provides a critical analysis of the book's content, explores its innovative practices in cultivating translation technology competence, and elaborates on the implications of the book in three aspects: translation technology teaching, learning, and textbook compilation. The aim is to promote the reform of translation technology education and enhance the quality of applied translation talent training.

Keywords: constructivism; translation project; translation technology competence; translation technology teaching

1 引言

随着人工智能和大数据技术的快速发展，信息技术与翻译行业的融合日益紧密，语言服务行业对从业人员翻译技术能力的要求也随之提高。目前，无论是语言服务企业招聘还是高校翻译专业人才培养，均将技术能力视为译者的核心竞争力之一（Sikora & Walczyński，2015；Rodríguez-Castro，2018）。正如穆雷等（2017：15）指出的："当前语言服务提供方在招聘译员和翻译项目经理时，都要求应聘者熟练使用一种或多种计算机辅助翻译工具，如果应聘者对此一无所知，将无法在语言服务市场生存"。教育部高等学校外国语言文学专业教学指导委员会（2020）颁布的《普通高等学校本科外国语言文学类专业教学指南》也将"翻译技术"列为翻译专业的核心课程之一。由此可见，翻译技术能力培养已成为译者教育中不可或缺的关键环节。

面对语言服务行业数字化转型的趋势，高校翻译专业教育有必要及时革新教学理念和方法，提升教学内容的前沿性和实践性，以培养适应行业需求的应用型翻译人才（Massey，2017）。但目前国内外翻译技术教学仍面临诸多挑战：一是教学内容更新不及市场技术迭代的速度；二是教学模式仍以传授式为主，项目教学等以学习者为中心的教学法应用不足；三是实践教学平台与行业生态脱节，真实职场环境教学资源短缺（Doherty & Kenny，2014）。因此，探索建构主义理念指导下的新型翻译技术教学模式，加强校企合作共建实践项目，创新符合行业需求的教学内容体系，是当前亟需探讨的现实课题。

《翻译技术的项目教学模式》一书正是在上述背景下，由资深翻译技术教育工作者米切尔–舒特沃尔德执笔完成的一本颇具开创性的教材。全书基于建构主义教学理念，采用“理论阐释＋项目实践”的编写框架，着眼翻译技术在语言服务行业工作流程中的应用，融“教、学、做”为一体，为项目制翻译技术教学提供了新思路。

2 内容概述

《翻译技术的项目教学模式》一书的内容编排紧扣语言服务行业翻译项目操作流程，融理论阐释与实践指导为一体，主要分为四个板块：认识与应用翻译技术工具、机器翻译与术语管理、翻译质量保证与项目管理，以及前沿科技发展与行业趋势展望。

2.1 认识与应用翻译技术工具

本书首先带领读者全面了解语言服务行业常用的各类翻译技术工具。第 1 章概要介绍计算机辅助翻译工具的基本功能、使用场景和局限性，提示初学者掌握文件处理、菜单操作等计算机基础技能的重要性，体现作者对翻译技术教学客群的精准把握。此外，本章还简要勾勒了当前语言服务行业的翻译项目操作流程图，帮助学习者建立对翻译生产全流程的基本认知，为后续内容学习奠定基础。

第 2 章和第 4 章则聚焦当前最广泛使用的两大核心翻译技术：翻译记忆库和术语库。作者在机理阐释的基础上，通过大量实例深入浅出地演示两者在翻译项目各环节的应用方法，并总结提炼了翻译记忆库维护、术语提取与管理的优化策略，如频繁更新、本地化定制、数据清洗等，为提高学习者的技术应用能力提供了可操作的专家意见。

2.2 机器翻译与术语管理

第 3 章重点探讨了近年来备受业界关注的机器翻译技术。作者首先简要回顾了统计机器翻译和神经机器翻译的发展历程，并通过人机翻译结果的多维对比，揭示了当前机器翻译系统在术语一致性、语篇连贯性等方面仍存在局限。进而，作者以主流计算机辅助翻译软件为例，演示了如何利用 API 等工具实现机器翻译功能与翻译记忆、术语库的集成应用，并引入 BLEU、LISA QA 等行业通用的机器翻译质量评估标准和方法，为读者全面把握机器翻译的功能边界和应用场景提供了系统指引。

2.3 翻译质量保证与项目管理

第 5 章和第 6 章拓展介绍了语言服务行业翻译项目执行过程中的两大关键议题：翻译质量保证和风险管理。作者在梳理 ISO 17100 等行业翻译服务标准的基础上，重点阐释了审校、质量评估、译后编辑等环节的操作规范和实施策略，强调发挥人工与技术的协同效应，以提升翻译项目交付成果的整体质量。同时，针对涉密文件处置、数据泄露等翻译项目风险点，作者还就保密协议签署、数据加密传输、伦理道德培训等防控措施给出了可供参考的指导意见。

2.4 前沿科技发展与行业趋势展望

本书立足前沿，又不乏前瞻性。第 7 章围绕人工智能、大数据等新兴技术在语言服务行业的应用前景，展开了富有洞见的分析。一方面，作者通过对翻译管理平台、在线众包翻译等新业态的介绍，让读者了解行业最新的技术进展和服务模式创新；另一方面，面向智能时代译者角色的转型，作者又就如何通过自主学习、持续培训等途径提升综合素养，给出了切实可行的发展建议，为从业者应对行业变革提供了有益启示。

总之，本书在内容编排上坚持以语言服务行业翻译项目操作流程为主线，理论联系实际，深入浅出，在培养学习者翻译技术应用能力、适应行业发展需求等方面彰显了鲜明的“实战”特色和实用价值，堪称一部颇具开创性的项目制翻译技术教程。

3 主要贡献

《翻译技术的项目教学模式》一书立足语言服务行业的实际需求，以项目制教学为抓手，在革新翻译技术教育教学理念、优化翻译技术课程教学设计、创新翻译技术教材编写体例等方面做出了积极的探索尝试，具有较强的理论价值和实践指导意义。

3.1 革新翻译技术教育教学理念

首先，本书秉持建构主义教育思想，主张学习者在“做中学”的主动实践和社会协作中建构知识、内化技能，强调教学活动应聚焦学生，赋予其主动探究、合作学习的机会（Kiraly，2005；Mitchell-Schuitevoerder，2013）。这一理念引领教师突破“满堂灌”式授课的窠臼，营造以学习者为中心的教学生态，为培育学生的自主学习和批判思辨能力开辟了新路径。

其次，与传统教材相比，本书的一大特色在于搭建了与行业资源的联通渠道。作者充分利用自身的双重身份优势，积极为教、学、研各界搭建交流合作的桥梁。一方面，各章节均附有延伸阅读资源的网络链接，并适时更新，有利于教师和学生及时了解相关领域的前沿动态；另一方面，真实项目案例的引入也拓宽了学界与业界互动的窗口，为产教融合、校企合作开辟了新的空间。

此外，本书还倡导跨学科融合视角。正如王华树（2016）所言，翻译技术教学应打破学科壁垒，广泛吸收技术哲学、系统科学、管理学等多领域的理论和方法。对此，本书在融入项目管理、数字伦理等交叉学科内容的基础上，提出要加强与商学、计算机等专业的师生的互动，以开阔思路、革新教学，为跨界复合型翻译技术人才的培养拓展新的可能。

3.2 优化翻译技术课程教学设计

教学模式和教学方法的选择是教学设计的关键环节。项目教学法、任务教学法和合作学习是建构主义理念指导下的三种常用教学组织形式。在本书中，三者交相辉映，形成了独具特色的“项目驱动—任务牵引—小组协作”的教学流程。

首先，本书每章均设置了一个项目制作业，包括从接受翻译委托到交付成果的各个环节，模拟了语言服务业务的真实工作情境。学生可通过扮演不同角色，开展团队协作，在职业化情境中习得理论、强化技能、积累经验，解决语境脱离、实践脱节等教学难题。其次，在作业项目框架内，教师可根据教学需要灵活设计可操作的任务单元，引导学生层层深入、探究式学习，调动其运用所学知识分析和解决实际问题的主动性。最后，小组合作贯穿项目实施始终。学生通过集体讨论明确分工、相互协作共克难关的方式，在认知互动中加深知识内化，提升团队协同能力，为未来跨学科合作奠定基础。

3.3 创新翻译技术教材编写体例

当前，我国翻译技术教材在融入理论阐释、丰富实践案例、突出职业导向等方面已有诸多进展，但在体现前沿性、行业性、实践性等方面还有进一步完善的空间（王少爽，2016）。本书在编排体例和内容设计上的创新为推动教材建设提供了有益借鉴。

在编排体例方面，本书采取“总—分—总”的宏观架构，既有宏观引领，又有微观支撑。各章首尾设置的“Key Concepts”与“Concluding Remarks”环节，分别预示和回顾了本章的重点内容，引导学习者把握知识脉络；“Further Reading”栏目补充了研读拓展材料，激发自主学习探索的兴趣；“Food for Thought”讨论话题设置新颖，启迪创新思辨，彰显了教材超越“知识本位”、关注能力和素养培育的时代内涵。

在前瞻性和行业性把握上，本书作者亦独具慧眼。各章在介绍主流翻译技术的基本原理和应用的基础上，均围绕机器翻译的功能拓展、人机协作新方式等发展前沿，给出了富有洞见的预测分析。此外，借助作者在语言服务行业的从业背景，本书还重点探讨了翻译数据安全、知识产权保护、服务质量标准等业界关切的热点问题，为从业者应对技术红利与行业风险并存的复杂局面提供了必要的认知引导。

综上，《翻译技术的项目教学模式》一书在更新教育理念、优化教学设计、创新教材建设等方面做出了有益的探索与实践，对于推动我国翻译技术教育与产业发展的良性互动、培养新时代高素质应用型翻译人才具有重要的借鉴意义。

4 启示意义

本书作为一本面向翻译专业学生和翻译技术教师的实用教科书，对翻译技术教学、翻译技术学习和翻译技术教材编写提供了诸多可借鉴的经验。

4.1 对翻译技术教学的启示

4.1.1 赋权学习，突出学生的主体地位

要明确学生是认知过程的主体，必须要突出学生在学习过程中的主体地位。在翻译技术教学过程中，教师要增强学生的发言权和选择权，鼓励其主动参与翻译技术学习活动，促进学生对翻译技术的深度理解、应用、分析与评价。教师可基于赋权理论，根据翻译技术课程特点，从以下四个方面实现这一目标：（1）允许学生自主选择学习目标，参与制定学习内容；（2）让学生有机会在不同翻译项目中担任不同角色（如项目经理、人力资源经理、客户经理、术语学家、译者或审校人员），轮流参与和管理多个翻译项目，将所学知识外化；（3）组织有挑战性的学习任务，提出探索性问题，并引导学生积极分析与思考，给予学生表达自我的机会；（4）鼓励学生根据自身体验反馈学习效果，客观评价学习结果，并提出改进方案。

4.1.2 构建情境，增强学生的社会体验

基于建构主义的翻译技术教学强调对翻译技术学习情境的设计（王树槐，2010），因为情境将真实世界带入学习过程，让学生有机会反思翻译技术的作用和影响，看到更大的图景（Bowker，2015）。教师可与相关翻译公司合作，为学生创造一个真实或近乎真实的翻译工作环境，鼓励学生将学与用结合起来，让学生身临其境地体会翻译技术在翻译工作流程中的具体应用情况，为未来进入翻译服务行业打下基础。在翻译技术教学过程中，教师可从以下三个角度构建翻译技术学习情境：（1）带领学生参与行业中的真实翻译项目；（2）依托现代技术，根据真实案例和问题设计虚拟翻译项目；（3）邀请翻译行业人员进入课堂。总之，教师可根据所在学校的具体情况和个人能力选择其中一种或多种方法灵活构建相关情境。

4.1.3 加强协作，促进学生的知识构建

建构主义强调学习是一个交流与合作的互动过程。作者指出对于翻译技术教学而言，合作至关重要，应贯穿于整个翻译技术教学过程。这种合作不仅指学生之间的合作，还包括师生之间的合作，甚至是教师与教师之间的协作。对此，教师可在以下四个阶段加强师生和生生之间的合作。（1）在计划制定阶段，教师与学生共同制定切实可行的学习框架，提出建议，

并设定目标。（2）在计划执行阶段，教师应组织、引导学生参与讨论和交流，并提供相应的知识和技术支持。（3）在作业完成阶段，教师应给学生以清晰的指导，并严格控制任务步骤，与学生共同完成学习任务。（4）在作业评估阶段，教师与学生共同对学习成果进行评析。此外，教师还应加强与相关同事的合作，支持并鼓励学生正确使用翻译技术完成课后翻译任务，以巩固所学知识，确保翻译技术学习的持续性。

4.2 对翻译技术学习的启示

4.2.1 拓展必要学习内容

翻译技术能力由技术知识、技术思维和工具能力三种要素构成。由于国内教材偏重应用性，侧重工具功能和实操的展示（王少爽、覃江华，2018）。所以，国内翻译专业学生也以培养工具能力为主，对翻译技术知识，尤其是技术思维的关注较少。但是，翻译技术和工具的选择离不开译者的技术思维与技术知识。在遇到翻译问题时，译者只有具备一定的技术思维，才会仔细分析技术需求，根据相关知识找到合适的技术或工具。因此，在学习翻译技术过程中，学习者应该加强对翻译技术概念和原理的理解，在熟练掌握相关理论知识的基础上进行实际操练，了解使用该翻译技术或工具的目的与意义，提高学习者的翻译技术知识与思维。此外，学习翻译技术也不能仅限于掌握相关翻译工具的使用方法，还应增强项目管理能力，提高职业道德素养。

4.2.2 整合优质学习资源

本书紧跟翻译行业发展前沿，对未来翻译技术发展趋势进行预测，作者指出翻译资源与工具持续集成，资源整合成为大势所趋。例如，翻译技术提供商将大型数据库、词汇表、电子词典等资源集成到计算机辅助翻译工具之中，译者不需要从计算机辅助翻译工具的编辑窗口切换到其他窗口即可访问其他语言资源，有利于优化翻译流程，提高翻译效率。翻译技术学习者可根据这一思路整合学习过程中搜集到的优质资源。一方面，翻译技术课程具有跨学科融合的特点，涉及技术哲学、系统科学、生态学、管理学、软件工程、计算机科学等很多领域的知识（王华树，2016）。另一方面，翻译技术课程发展时间较短，学习资源较为匮乏（肖维青、钱家骏，2021），对优质数字化资源进行整合利用是当下翻译技术学习需考虑的重点问题（王少爽、李春姬，2021）。

4.2.3 养成正确学习观念

翻译技术教育的根本目标不是要求学习者开发新的翻译工具，也不是要求其了解翻译技术或工具背后的具体算法，而是旨在帮助学习者掌握常用翻译技术与工具的原理和使用方法，培养学习者的翻译技术意识，提高翻译技术应用能力，为翻译工作提供便利。因此，学习者应正确看待学习翻译技术过程中遇到的困难，不要对翻译技术学习产生恐惧之感。此外，正如本书作者所言，学习者不应只看到翻译技术的强大之处，在享受翻译技术带来便利的同时，还要看到目前翻译技术存在的信息安全风险、知识产权纠纷和翻译技术伦理等问题，主动规避风险，并避免过度依赖翻译技术，不为翻译技术所束缚。总之，翻译技术学习者应树立正确的学习观念，积极应对翻译技术学习中的困难，全面客观地看待翻译技术带来的便利以及存在的问题。

4.3 对翻译技术教材编写的启示

4.3.1 注重翻译技术教材的全面性

近年来，翻译技术教材建设取得一定成绩，例如，更加注重理论与实践的结合；强调校企融合、产学联动。但大多数教材覆盖内容仍不全面。本书包含了比其他相关教材更为全面的内容。编者可从以下三方面入手，丰富翻译技术教材内容。

首先，目前翻译技术教学师资中很大一部分都是语言学和文学背景，对翻译技术相关知识和翻译行业现状知之甚少。因此，翻译技术教材不能仅有助于学生的学，还要有利于教师的教。本书中每个章节都设有基于项目的翻译任务，该部分为设置课后练习提供了指南，包括练习目的、评估方法、所需工具与资源、适用的语言对等，很大程度上减轻教师设计课后作业的负担，有助于帮助教师有效推进教学进度。

其次，大多数翻译技术教材着眼于探讨翻译技术或工具所带来的便利，很少讨论现有技术中存在的信息安全、知识产权、翻译伦理等问题。而一本优秀的翻译技术教材应该全面客观地展现翻译技术的优势与不足。

最后，目前很多翻译技术教材重点介绍现有工具的使用方法，较少从宏观视角预测翻译技术发展趋势。本书第 7 章指出了翻译管理系统云端化、翻译工具和资源不断集成等趋势，有利于学生了解行业发展现状，掌握前沿信息。

4.3.2 突出翻译技术教材的时效性

目前，越来越多的翻译技术教材在每个章节的末尾都附有相关文献供读者深入阅读与研究。但是，翻译技术与翻译工具通常有不同的类型和版本，并且很多翻译资源也会经常更新。而每个章节末所附的相关材料一般具有不可更新的特点，与快速发展的翻译技术相比，出版时间较早的文献具有较低的可借鉴性。因此，对于翻译技术教材而言，相关资源的时效性十分重要。本书在文中提及的重要技术和工具后附有相关链接，并且这些链接都附在劳特利奇翻译研究门户网站上，该网站会定期检查与更新相关内容。即使一些网址可能会因某些原因无法访问，学习者也有可能由此找到相应的替代网站。这不仅扩展了翻译技术教材的广度，在很大程度上还增强了翻译技术教材的时效性。

4.3.3 体现翻译技术教材的职业特征

随着语言服务行业的信息化、产业化、职业化发展，语言服务人才需求正在经历着结构性的变化。由于翻译技术根植于语言服务行业，因此撰写翻译技术教材时，必须要考虑语言服务行业对从业者的实际需求。但是，已有翻译技术教材没有强调语言服务行业从业者的综合能力需求（王少爽，2016）。本书不仅介绍常用翻译技术背后的基本原理和使用方法，还强调从业者应该具有安全意识、伦理道德，以及目前翻译行业中必不可少的团队合作等内容，有利于培养学生的职业素养和职业意识。此外，本书给学生提供了体验翻译项目中不同角色的机会，也有利于促进学生对未来职业生涯的规划。

5 结语

人工智能时代，翻译技术不断革新，对语言服务翻译行业发展的推动作用愈发显著。翻译学界和业界都敏锐感知到翻译技术在语言服务行业中的重要作用，并将翻译技术能力分别纳入翻译专业人才培养方案和翻译公司招聘要求之中。但是目前我国翻译技术教学模式陈旧，尚未充分对接相应的能力要求，加强使用启发式、讨论式和参与式教学方法的项目教学这一目标也尚未完全实现（崔启亮，2021）。在这一语境下，探索符合培养目标的翻译技术教学模式显得尤为重要，对推动我国翻译技术教育与翻译行业的协同发展具有现实意义。《翻译技术的项目教学模式》一书以建构主义理论为指导，依托真实的翻译项目，对翻译行业中翻译技术的原理与使用方法，以及翻译质量保证和风险管理等内容进行了全景式解读。该书有望加强学习者对翻译技术的认识，优化翻译技术教学模式，创新翻译技术教材编写思路，进而提高翻译技术教学质量，培养满足我国语言服务行业需求的具有技术能力的翻译人才。

参考文献

BOWKER L, 2015. Computer-aided translation: translator training [C]//In SIN-WAI C, (Ed.), The Routledge encyclopedia of translation technology. London & New York: Routledge: 88-104.

DOHERTY S, KENNY D, 2014. The design and evaluation of a statistical machine translation syllabus for translation students [J]. The interpreter and translator Trainer, 8 (2), 295-315.

KIRALY D, 2005. Project-based learning: a case for situated translation [J]. Meta, 50 (4): 1098–1111.

MASSEY G, 2017. Translation competence development and process-oriented pedagogy [C]//In SCHWIETER J W, FERREIRA A, (Eds.), The handbook of translation and cognition. Hoboken: John Wiley & Sons, Inc: 496-518.

MITCHELL-SCHUITEVOERDER R, 2013. A project-based methodology in translator training [C]//In WAY C, VANDEPITTE S, MEYLAERTS R, BARTLOMIEJCZYK M, (Eds.), Tracks and treks in translation studies. Amsterdam: John Benjamins: 127-142.

RODRÍGUEZ-CASTRO M, 2018. An integrated curricular design for computer-assisted translation tools: developing technical expertise [J]. The interpreter and translator trainer, 12 (4): 355-374.

SIKORA I, WALCZYŃSKI M, 2015. Incorporating CAT tools and ICT in the translation and interpreting training at the undergraduate level [C]//In GRABOWSKI L, PIOTROWSKI T, (Eds.), The translator and the computer 2. Wrocław: Wydawnictwo Wyższej Szkoły Filologicznej We Wrocławiu: 119-133.

崔启亮，2021. 翻译技术教学案例资源建设和应用研究 [J]. 外语界，（3）：22-29.

穆雷，沈慧芝，邹兵，2017. 面向国际语言服务业的翻译人才能力特征研究——基于全球语言服务供应商 100 强的调研分析 [J]. 上海翻译，（1）：8-16.

教育部高等学校外国语言文学专业教学指导委员会，2020. 普通高等学校本科外国语言文学类专业教学指南 [M]. 上海：上海外语教育出版社.

王华树，2016. 系统论视域下的翻译技术课程建设 [J]. 当代外语研究，（3）：53-57.

王少爽，2016. 语言服务行业翻译技术的全景解读——《计算机辅助翻译实践》评介 [J]. 中国翻译，（4）：65-69.

王少爽，李春姬，2021. 技术赋能时代翻译教师能力结构模型构建与提升策略探究 [J]. 外语界，（1）：71-78.

王少爽，覃江华，2018. 大数据背景下译者技术能力体系建构——《翻译技术教程》评析 [J]. 外语电化教学，（1）：90-96.

王树槐，2010. 吉拉里的建构主义翻译教学：贡献与缺陷 [J]. 天津外国语学院学报，（4）：44-49.

肖维青，钱家骏，2021. 翻译技术教学研究进展与趋势（2000—2020）——基于国内外核心期刊论文的对比分析 [J]. 外语界，（1）：62-70.

（责任编辑　孙三军）

作者简介： 朱玉，辽宁对外经贸学院讲师，研究方向为翻译技术、翻译教学。王少爽，大连外国语大学教授、博士生导师，研究方向为翻译技术、翻译教学、术语翻译。

作者电子邮箱： 朱玉 3306127162@qq.com

王少爽 wssnku@163.com

中国小说的域外重生

——中日合作电影《安魂》导演日向寺太郎访谈录

卢冬丽[1,2]　　黄紫琴[1]
[1]南京农业大学　　[2]（日本）北陆大学

摘　要：茅盾文学奖得主周大新的小说《安魂》以中日合作的形式，由旅日中日双语诗人、翻译家田原先生发起，日本资深编剧富川元文改编，日本导演日向寺太郎执导，人民艺术剧院国家一级演员巍子、空政话剧团一级演员陈瑾、日本演员北原里英等中日演员联袂出演，中日投资方联合出品，作为中日邦交正常化50周年纪念电影于2022年初先后在日本和国内上映发行。《安魂》的电影改编突破了中国文学传统的文本译介与传播模式，为中国故事的域外重生提供了新范式、新方法。此次访谈聚焦于日本导演日向寺太郎，以期了解中国故事在日本改编的契机、电影团队的组建、影片拍摄过程、影片的视听语言建设以及中国故事的域外重生等问题。

关键词：跨文化改编；视听翻译；中国叙事；文学电影

The Rebirth of a Chinese Novel — An Interview with Hyugaji Taro, Director of the Chinese-Japanese Cooperative Film *Requiem*

LU Dongli
Nanjing Agricultural University
Hokuriku University (Japan)
HUANG Ziqin
Nanjing Agricultural University

Abstract: *Requiem*, an award-winning novel by Chinese author Zhou Daxin, was adapted into a Sino-Japanese co-produced film to commemorate the 50th anniversary of the normalization of China-Japan diplomatic relations. Spearheaded by Tian Yuan, a bilingual poet and translator based in Japan, the film was scripted by veteran Japanese screenwriter Motofumi Tomikawa and directed by acclaimed Japanese filmmaker Hyugaji Taro. It features a stellar cast including Chinese national first-class actors Wei Zi and Chen Jin alongside Japanese actress Kitahara Rie. Released in Japan and China in early 2022, the cinematic adaptation of *Requiem* transcends traditional modes of literary translation and dissemination, offering a novel paradigm and approach for the global rebirth of Chinese narratives. This interview with director Hyugaji Taro delves into the impetus behind adapting the Chinese story in Japan, the formation of the Sino-Japanese film crew, the shooting process, the construction of the film's audiovisual language, and the transnational regeneration of Chinese stories.

Keywords: cross-cultural adaptation; audiovisual translation; Chinese narrative; literary film

中日邦交正常化50周年之际，承载着对失独人群普适性人文关怀的中国文学《安魂》在日本依托影视模态译介传播。形象化、视听化美学呈现激发的文化共情促使中国故事《安魂》于光影跃动间与日本受众形成良性互动，得到深度接受，在有效助推中国文学海外良性形象的建构、颠覆传统的文学出海生产传播模式、营造更多彩生动的文学出海生态方面，有着独特的范式意义。日本影人日向寺太郎凭借独到的文学感悟、世界级的影视眼光与审美锚定中国故事《安魂》，大力挖掘其改编潜力，率领中日行动者形成结构合理、人员完备的改编团队，基于原作向死而生的深邃主题，以电影的形式雕刻出别样的生命意义，是《安魂》出海生产传播过程中的重要一环。本访谈以日语进行，后由黄紫琴翻译成中文。

采访：卢冬丽，南京农业大学外国语学院副教授，以下简称“卢”；黄紫琴，南京农业大学外国语学院硕士研究生，以下简称“黄”。

受访：日向寺太郎，导演，代表作有《为了谁》《萤火虫之墓》《长崎的天空下》等，以下简称“日向寺”。

1 改编项目发起：中国文学与日式审美的对话

卢：非常感谢您百忙之中抽出时间参加我们的访谈。首先，我们来谈谈您执导文学改编电影《安魂》的契机吧。您曾提到决定执导《安魂》的重要原因在于"想要思考和表达失去亲人的人如何重拾生活动力，以及人的生活的根源"。据了解，您在最初接触到《安魂》时，《安魂》还没有日译本，那么是哪些要素推动了《安魂》项目的成功发起和顺利改编生产呢？

日向寺：《安魂》项目的成功发起和顺利改编生产主要得益于田原先生的推动。众所周知，作为中日双语诗人、文学家，田原先生中文和日文的造诣都极为深厚，他对小说内容也有相当深刻的认识和理解。不管是在语言方面还是在内容方面，他都是中日双方交流沟通的重要架桥人。为了让我们日方电影人读到这部作品，《安魂》的日译也是由田原先生出面，委托名古屋经济大学的谷川毅教授完成了翻译。

黄：文学改编电影是一个极为复杂的生产过程，您的作品《长崎的天空下》也改编自文学，原著为日本作家青来有一的《爆心》。《安魂》与《长崎的天空下》虽然故事背景截然不同，但是主题有些类似，都有对亲情、生死、创伤修复、自我救赎等内容的刻画，您在创作《安魂》的过程中是否有从《长崎的天空下》的改编经历中获得一些灵感？

日向寺：《安魂》与《长崎的天空下》虽然最终呈现的内容可能有些相似，但是表达的重点却截然不同。《长崎的天空下》及其原著《爆心》均脱胎于长崎这片特殊的土地。长崎曾受到原子弹的轰炸，是日本江户锁国禁教（为禁止和消灭基督教）时代少数对外开放的港口城市之一，当时存在大量未叛教的"隐藏基督徒（潜伏キリシタン）"，以上种种都为这片土地创造了多重的记忆。《长崎的天空下》这部作品与长崎有着不可分割的密切关系，从这一点来看，《安魂》与《长崎的天空下》之间是有着千差万别的。

卢：我们知道，严肃文艺片较难"出圈"，容易"曲高和寡"，较难盈利。在推进《安魂》改编项目的过程中，是如何招募投资方的呢？在您看来，有哪些因素促使《安魂》影视改编项目成功招募到多位中日出品人的呢？

日向寺：《安魂》电影投资方的招募同样是由田原先生一马当先带头推动的。中方投资人虽然最终是由周大新先生介绍的，但田原先生的积极引荐也起到了不少助推作用。日方投资人方面，我联系了日本株式会社 PAL

企划的董事兼制片人铃木先生（鈴木ワタル），他从我的处女作开始就给予了我很大帮助。铃木先生一直都很支持独立电影制作公司与亚洲各国的合作，并且对与中国的合作特别感兴趣。这也是能够顺利定下日方投资人的原因之一。我认为跨国合拍在带来对未知的期待的同时也交织着不安，也正是这一点吸引了中日双方的投资人吧。

卢：小说和电影的叙事方式完全不同，在相关采访中，您也表示曾为如何将文学语言转换为电影语言感到困惑。面对文学叙事和电影叙事的差异，资深编剧富川元文老师通过大胆改写带来新思路，对《安魂》中父亲与在天国的儿子对话的改编也相当新奇大胆。您在看到剧本初稿时的感受是怎样的呢？

日向寺：在进行剧本创作之前，按照日本电影界的惯例，富川老师先写了电影的情节梗概，就是电影中的重要情节概述。其中列出了“与已故儿子长得一模一样的青年”“儿子魂魄附身到这个青年身上”“与父亲展开对话”这些情节，从内容方面来说，这些思路赋予了电影巨大的活力和阐释空间。

黄：据说您在审阅剧本的过程中意识到“相对于日本人，中国人的自我主张更强”，而富川元文编剧笔下的中国家庭成员则过于日式化。为了贴近真实的中国家庭，您多次要求编剧修改剧本。强调“中国故事”的异质性似乎成为您修改剧本的主要理念，不知道这么理解是否合适？除了上文提到的日式化中国家庭，您对剧本主要还进行了哪些方面的修改呢？

日向寺：说到底算不上是我的要求吧。中方团队基于他们的立场提出这里出现了一个最大的问题，就是电影中的家庭好像是日本家庭，而不是中国的家庭。我们作为日本人，可能意识不到这一点，那么具体哪些方面让中方产生这样的感觉的呢？我们请中方一点点具体指出来，再请富川老师仔细修改剧本。其他方面的话，我在剧本中增设了张爽和星琦沙纪的小插曲，不过这应该不是特别大的影响因素。

黄：在细化剧本内容、绘制分镜的过程中，您认为存在哪些难点？是否因为这些难点对剧本内容进一步进行了取舍？

日向寺：在拍摄过程中，我会与摄影师协商决定拍摄方式（即一个场景的镜头数量，以及特写、长镜头等镜头类型），但并没有绘制分镜。在日本影视界，选择绘制分镜的导演应该不多。分镜的优点是可以让摄制组共享影片视觉形象，但也有缺点，那就是摄像师很容易受到分镜的约束，无法自由地提出新的想法。这部电影的台词除了少数几句日语外，全部是中文。进行台词修改的主要是中方制片人王欣和中国演员们，他们聚在一起，讨论翻译后的中文对白，使之成为地道的中文。当然，我也在场，不过我中文水平不高，大部分都不太理解。也因此，由日文翻译过来的中文对白和影片中实际说的对白之间是存在一些差异的。除了刚刚提到的中文台词和一些小细节之外，我基本没有对剧本做什么改动。

黄：日语中“鎮魂”和“レクイエム”两个词在意思上与“安魂”的对应度更高，不过日译本和电影日语版标题都保留了中文原名《安魂》，这个选择是出于什么考量呢？会不会担心日本观众不好理解影片的主题？

日向寺：在《安魂》上映之际，我与日方制片人铃木先生就电影标题展开了讨论。日语中不存在“安魂”这个词，但好在日本人使用汉字，“安”和“魂”都是人们熟悉的汉字，虽然无法原原本本地传达“安魂”一词的意思，但我们还是决定保留原作品的标题，因为这样可以给日本观众提供联想和想象的空间。

2　前期项目筹备：中日跨国团队的组建与磨合

黄：曾在采访中看到，您表示想找一个古色古香的城市取景拍摄，备选城市有北京、西安、开封等多个城市。最后定为开封，主要出于哪些原因呢？

日向寺：其实剧组最初打算在北京拍摄的。虽然北京古街不多，但胡同很有魅力，与耸立的高楼形成对照，作为日本人的我感觉很有中国风味，个人非常喜欢。但是在北京拍摄花费较大，获得拍摄许可手续也比较繁琐，于是我们考虑西安。可是西安到处都是人，交通拥堵，不便于拍摄。大家一筹莫展的时候，田原老师突然说：“开封！”我 93 年作为副导演拍摄 NHK 纪录片时来过开封，还依稀记得开封古都的街道，最终大家一致决定在开封拍摄。田原老师早些提出来的话，也免得我们之前那么辛苦考察外景地了（笑）。

黄：我们知道，主创团队通常是由导演和制片人一起敲定的，您与

《安魂》的中方制片人王欣是如何进行沟通并达成共识，进而制定拍摄计划的呢？

日向寺：在选角时，由于我对中国演员不太了解，所以基本都是由制片人王欣推荐的。王先生询问了我对各个角色演员形象的偏好。我告诉他，我更喜欢那些演技自然、没有表演痕迹的演员，他表示也很赞同我的观点。取景地的话，最终确定为开封后，大家都很振奋，因为中方主创们大部分都来自河南省，如原作者周大新先生、总策划人田原老师、制片人王欣先生、投资人冯学良先生和陈斗勇先生等。

黄：在摄影方面，您选择了和日本摄影师押切隆世、灯光师尾下荣治合作是出于哪些方面的考量呢？

日向寺：在拍摄现场，导演与摄影师的交流是最多的。虽然和中国摄影师合作也会很有趣，但由于这是我的第一部合拍片，为了确保拍摄工作顺利进行，我选择了与不需要通过翻译来交流的日本摄影师押切隆世先生合作。而灯光师是摄影师的一个重要伙伴，所以最好是找一个能与押切隆世顺畅沟通的灯光师，因此灯光师也选择了日方的尾下荣治。顺便提一下，我的处女作《为了谁？》的灯光师也是由尾下先生担任的。

卢：在选角方面，您应该也是第一次和中国演员合作吧？中日演员的表演方式、语言等方面的差异是否对影片拍摄过程产生了一些影响呢？最重要的角色“唐大道”的饰演者巍子老师是由制片人介绍的吧？最初试镜时给您什么样的印象？

日向寺：饰演儿子英健和儿子的恋人张爽的演员是通过试镜选拔的。在试镜过程中，我被中国演员的演技惊艳到了，虽然我听不懂中文，与演员们语言不通，但是我能判断出演技的高低，可以感受到他们带来的高质量表演。主演巍子先生是由制片人王欣推荐给我的，他演技极为精湛，是当之无愧的主角。

黄：您曾指出加入留学生星琦沙纪这一角色的目的是“消除日本观众对‘中国式大家长’唐大道的人物形象的困惑，阐明中国式的父子、家庭伦理”。选择原 AKB 偶像北原里英饰演这一角色是不是考虑到日本观众的接受度了呢？

日向寺：这点我跟日方制片人铃木先生商量过。考虑到主演团队都是中国演员，日本观众也不熟悉，不少观众是冲着演员来看电影的，所以哪怕只有一个日本演员那也很重要。北原里英符合剧情的人物形象，而且有一定知名度和固定的粉丝群，是出演沙纪最合适的人选。

3　影片拍摄过程：导演、剧本与演员的三方交流

黄：上面您也提到主演巍子老师演技精湛，据说在拍摄中主演巍子关于台词中国化以及人物形象塑造等方面提出了许多修改意见，与经验阅历丰富的主动型演员合作有什么感受？

日向寺：巍子先生虽然在拍摄现场很主动，但是他始终认为“电影是导演的东西”，非常尊重导演的意见。拍摄时，无论重拍多少次，他都欣然配合，在每一次的拍摄中注意力高度集中，毫不出错，这也给了其他演员很大的影响，营造了一种积极层面上的紧张感。同时，巍子先生也主动将台词修改得更为地道，这给中文水平不高的我带来了很大的帮助。拍摄期间，巍子先生总是第一个出现在片场，为我们带来一丝不苟的精彩表演。我能深切感受到他那颗真诚的电影心，希望以后还能够有机会和巍子先生合作。

卢：在电影中，黄河是一个重要的场域。波澜壮阔、波光粼粼的黄河在电影开头和结尾都出现了，达到首尾呼应的效果。每当父亲唐大道心情发生重要转变，他都会在黄河边静坐，天气、光线和河水的波涛在渲染父亲情绪方面发挥重要作用，影片这样设计安排的初衷是什么呢？

日向寺：93 年来开封拍摄 NHK 纪录片时，我也去了黄河边。黄河波涛汹涌、气势磅礴，河水的流向不是单向的，而是卷着漩涡，这是我在日本从未见过的景象，这种复杂的涌动深深吸引着我。随着时间段的不同，黄河也呈现出不同的样貌，这与唐大道人生中遇到的变故、他的心境相互重叠在一起。

黄：我们还注意到，电影中有许多重要意象贯穿全片，如足球、云朵，特别是“云朵”这一意象。英健去世时有一个对乌云密布的天空的特写镜头，结局部分则出现了相对应的蓝天白云的特写，还有力宏送给唐大道的瓷瓶上也印着祥云。此外，影片中许多重要的戏都是在雨中发生的，“雨”和“被吹翻在地上的雨伞”也是重要的意象。这些意象对渲染人物

情绪、推动情节发展起到了重要作用。

日向寺：“云朵（祥云）”是在剧本中专门设计好的，这个意象在故事中具有重要意义。每当我们在户外拍摄时，我都会抬头看看天空，寻找机会拍摄与瓷瓶上所描绘的祥云形状相似的云朵。“足球”也是剧本中已经设计好的，但是这一意象没有云朵那么重要。关于“雨”和“被吹翻在地上的雨伞”的意象，这些是来到中国之后才决定的。在日本，对于小成本的电影来说，无论是在预算方面还是进度方面，降雨往往都很困难。但在中国，降雨并不是一件难事，因为我们有大量的工作人员，而且还可以使用起重机和移动车辅助拍摄。

黄：本片中使用了一些具有匠心设计的表现性的构图、色彩和光线，产生了巨大的艺术冲击力。例如，力宏在向唐大道坦白一切只是骗局时，他的脸上的光线忽明忽暗，非常巧妙地反映出了他内心的摇摆和复杂的内心活动；正中的蜡烛和一束光线将两个人物分隔开，给人物间带来距离感，感觉这个地方处理得很精妙。

日向寺：本片的摄影师押切隆世在电影界和商业广告影片界都积累了丰富经验，他有着一名优秀摄影师所具备的构图创造力和对光线的细腻感受力等极高的场面调度能力。《安魂》也正是在他的操刀之下才有了这些独具艺术冲击力的画面。

卢：《安魂》剧组为中日工作人员共同构成的团队，必然存在一些语言文化差异。不过您曾提到拍摄过程非常顺利，您认为突破这些语言文化差异的因素有哪些呢？

日向寺：我认为之所以拍摄能够顺利开展，主要是因为两国的演职人员彼此理解、相互尊重，大家都抱有制作一部好电影的共同愿望。从根本上来说，优秀的工作人员和演员的云集成就了电影《安魂》。

4 影片视听语言建设：世界级音乐家和剪辑大师的共同谱写

卢：《安魂》影片的视听语言是由音乐、录音、剪辑等多个创作部门共同建设的，您基于什么样的创作理念指导相关部门的工作人员共同构建声画关系的呢？

日向寺：不管怎么说，剧本才是一部电影的基础，每个工作人员对剧本的解读以及由剧本产生的联想都非常重要。就我而言，我首先会让每个人畅所欲言，自由地提出自己的想法。因为工作人员的解读可能会超出我的预想，创造性地提出一些新颖的东西。当对剧本的解读出现分歧时，我们会展开讨论，相互借鉴。

卢：除了抚慰人心的音乐以外，影片中的鸟鸣、黄河的波浪声这些声音符号也令人印象深刻，引起观众的共鸣。而且主题曲《安魂》与黄河的画面在影片中同步出现，首尾呼应，这样的声画组合无形中奠定了电影的基调。

日向寺：我认为声音并不仅仅是画面的附属品，还有补充和丰富画面表现的作用。其画外之力可以超越视野的局限，为观众提供联想画外广阔世界的空间。《安魂》中描述的是一个家庭的故事。我们的生命都只有一次，无法重来，如果从一个稍微不同的角度来看，其实人类就是在重复出生和死亡的循环。我想把一个人的渺小与黄河这样伟大的自然和永恒的时间放在对立的位置上来进行思考。

黄：对于日本观众来说，理解《安魂》这一异国故事时，字幕是深入理解故事情节和人物情感的重要辅助工具，请问您是如何选定字幕翻译团队的呢？关于字幕的字体、字号、颜色，您是怎么考虑的呢？

日向寺：这些都是由制片人铃木先生和岩村修决定的。相对而言，《安魂》字幕的字号有些偏小，不过字体和颜色都选取的是影视界常用的格式。

卢：疫情正好爆发于电影后期剪辑制作期间，导致电影后期制作花了较长时间。《安魂》探讨了“失独”这一世界共通的话题，新冠肺炎疫情期间的上映更给电影赋予了更加独特的意义。新冠肺炎疫情的爆发对您的剪辑理念有什么影响吗？

日向寺：由于新冠肺炎疫情，电影推迟了一段时间才完成制作。除了新冠肺炎疫情以外，我还想到了 12 年前的东日本大地震。我的家乡仙台便位于地震灾区，这场灾难带来的巨大伤亡令人痛心。虽然每个国家的情况稍微有些不同，但我们的平均寿命应该都在 80 岁左右。然而，东日本大地震和最近的新冠肺炎疫情都让我意识到，生活随时都可能发生意外。我们很难在生活中始终考虑到死亡，但我认为我们有必要不时地审视死亡。

《安魂》就是提醒大家展开对死亡的思考与审视的一部电影。

卢： 电影标题选取了大气舒展的毛笔类字体；海报图像主要选取了“父子同骑自行车”“父亲与黄河”的场景和“被吹翻在地上的雨伞”“足球”“云朵”等意象；整体选用了低饱和度的色彩。这些设计是如何确定下来的呢?

日向寺：《安魂》影片发行和宣传主要是由山田智惠企划负责的。山田和设计师们制作了几个海报方案交给我和制作人铃木先生讨论并最终敲定。海报中“安魂”两个毛笔字是周大新先生亲笔书写。中国人对“书法”有着很深的情结，而且“书法”也是周大新本人唯一能够书写的了，我觉得分外珍贵。

黄： 根据日本观众的影评，日本上映的版本结尾还有一年后父亲、母亲、英健的女友张爽和一些孩子一同观看足球比赛的一幕。家人团圆的场景让观众领会到父亲的灵魂已经获得安宁，同时也获得了全新的生死观。这也与电影后半部分力宏和父亲在足球场边敞开心扉聊天的片段相呼应。而在中国上映的版本则删除了这一段剧情，为何会进行这样的删减呢?

日向寺： 通过这一幕，我想表现出唐大道在经历儿子的死亡后的变化，也想给张爽的去向一个交代。同时，我还想表达出之前提到的对生死的思考，即人类生与死的循环往复。而中方主创们认为，观众可能会感到疑惑这到底是谁的孩子，所以中国上映的版本删除了这一段。

5 中国故事的域外重生

卢：《安魂》日译本与影片同步发行，原作也推出了十周年纪念版，而且书籍的封面设计均采用了电影剧照和宣传语，获得了叠加的宣传效果。我们发现中日电影宣传语“天人不永隔，久别必重逢”“父と母の願いは、ただ、お前に会いたい——。(爸爸和妈妈的愿望就是想见你)”稍微有所不同。

日向寺：《安魂》的中文宣传语是由中方主创们决定的，而日文宣传语则是由山田智惠企划负责的。虽然全世界的父母的想法有很多共通之处，但我感觉中日的不同宣传语传达出了中日生死观的差异。

黄： 影片在日本的首映定在岩波剧场。岩波剧场其实与中国也有一些渊源，创立者高野悦子在中国出生，致力于选取放映冷门艺术电影，推动过许多中国影片在岩波剧场上映。在岩波剧场放映的中国电影《那山那人那狗》还曾刷新日本单厅票房纪录。《安魂》在岩波剧场的首映是否与这些因素相关呢？

日向寺：确实，岩波剧场和高野悦子与中国有着密切的关系，这是决定《安魂》在岩波剧场首映的因素之一。不过，更重要的原因在于，我以前有多部作品曾在岩波剧场上映过。我与岩波剧场的合作关系来源于我的老师黑木和雄与该剧场的合作，同时出品方日本株式会社 PAL 企划也与岩波剧场有着长期合作关系。不过遗憾的是，因为种种原因，岩波剧场去年关闭了。

卢：那真的很遗憾。

黄：中国新时代影视创作提出了“温暖现实主义理念”，北京电影学院胡智锋教授将其定义为在关注平民叙事、直面现实困境的同时，以温暖为主基调，表现人对真善美、光明和未来的追求。个人认为《安魂》在创作主题和手法上是与这一创作理念相呼应的。您怎样看待这种创作理念呢？

日向寺：《安魂》中确实有一些与胡智锋教授提出的“温暖现实主义理念”相呼应的元素。

黄：作为一部“高概念”电影，《安魂》关注到了失独群体，拥有独特的故事和审美，影院的视听效果非常具有震撼力，引人共鸣。日本电影在院线上映后，通常会发行 DVD。而在中国，随着网络与流媒体平台的迅速发展，不仅出现了“云影院首映模式”，线上平台也成为院线电影的二轮传播重要阵地，形成了一种线上、线下联动的趋势。新冠肺炎疫情期间，《安魂》在中国小范围短暂上映后便上线了流媒体平台。您怎样看待这种传播方式和趋势呢？

日向寺：我是在电影院里看电影长大的，导演的电影也都是以在大荧幕的上映作为前提来制作的。不过，现在通过流媒体平台观看视频的趋势将越来越显著，愈演愈烈。但是，作为一个电影爱好者，我将尽可能地坚持继续在电影院里看电影。

卢：《安魂》的改编拍摄制作由日本团队主导，在中日邦交正常化 50

周年之际上映。作为中国故事在海外的新叙和重生，这种改编模式为中国当代文学“出海”提供新路径，是中国文学多元路径走出去的“开拓者”。您对将来中国文学在日本的影视改编的市场和前景抱有乐观的态度吗？

日向寺：我们常说中日两国一衣带水，不过遗憾的是以前的日本人似乎对中国文化关心得更多些，我就是这类人之一。希望今后在电影的世界中进一步加深交流，我也会继续努力学好中文（笑）。

卢：您曾提到，拍摄《安魂》是您认识中国的一大契机，拍摄完成后对中国的认识有了很大改观。如果以后有机会的话，您还想再尝试中国文学的改编吗？有没有比较想合作的作家或者作品呢？

日向寺：我非常希望能够有机会再次在中国拍电影。现代作家的话，我比较喜欢鲁迅和老舍；当代作家的话，我很欣赏这次合作过的周大新先生。此外，我也很喜欢阎连科和余华的小说。

（责任编辑　刘晓峰）

作者简介：卢冬丽，南京农业大学外国语学院副教授、硕士生导师，北陆大学国际交流中心副教授。研究方向为翻译理论与实践。黄紫琴，南京农业大学外国语学院硕士研究生，研究方向为中国文学在日本的译介。

作者电子邮箱：卢冬丽 ludongli@njau.edu.cn

《翻译界》征稿启事

《翻译界》（*Translation Horizons*）由北京外国语大学英语学院编辑、外语教学与研究出版社出版，收录与口笔译现象相关的原创性研究，包括口笔译理论与实证研究等。同时，《翻译界》还关注口笔译教学研究，重视产、学、研三者结合，以行业现状引导翻译教学与研究，以翻译研究促进语言行业的成长。

霍姆斯（James Holmes）的《翻译学的名与实》一文，论述了翻译学作为一门学科应具有的名称、性质、研究对象和范围，被普遍认为是翻译学的创建宣言。经过国内外翻译界同仁四十余年的共同努力，翻译学在西方和中国都已经发展成为一门独立的学科。与此相适应，我国众多高校包括北京外国语大学、上海外国语大学、广东外语外贸大学等外语类高校都设立了翻译系或翻译学院，形成了从本科到博士的翻译教育培养体系。翻译学作为一门不断发展和壮大的独立学科，需要学术性平台来推动学科本身的研究和发展。

《翻译界》致力于学术性研究，所收录文章包括原创性论文、书评与访谈等。文章特色如下。（1）原创性论文具有较新的理论观点，或采用新的研究角度、研究方法进行翻译研究；写作规范，方法科学，论证围绕核心观点展开，长度为 8,000—10,000 字。（2）书评主要针对近 5 年出版的外文翻译研究类书籍，以评论为主，包括对书籍的选题、价值、特点、研究方法和不足的评述，长度为 6,000 字以内。（3）访谈对象为国内外知名翻译理论家，长度为 8,000 字左右。（4）所有文章均提供中英文题目、摘要、关键词、参考文献。具体格式请参考《翻译界》稿件格式规范。

主要栏目：

（1）翻译理论研究：翻译史、翻译批评、过程研究、文学翻译、非文学翻译、影视翻译、外宣翻译。

（2）翻译教学研究：课程设计、教学方法、翻译测试。

（3）中外语言文化比较与翻译研究：语言比较与翻译、文化比较与翻译。

（4）翻译研究方法：实证方法、历史研究、描写研究。

（5）语言行业与翻译技术研究：行业调查、政策研究、机器翻译、机辅翻译、术语研究、本地化、翻译管理、技术传播。

（6）书评、访谈、翻译论坛。

（7）国外翻译研究动态。

（8）口译研究。

联系方式：

在线投稿：http://fyij.cbpt.cnki.net/

投稿信箱:《翻译界》编辑部

地址：北京市海淀区西三环北路2号北京外国语大学英语学院

邮编：100089

电子邮箱：bfsuwts@163.com

《翻译界》稿件格式规范

1. 论文长度为 8,000—10,000 字。书评为 6,000 字以内。论文采用 Word 文档格式。

2. 稿件构成：中文题目、中文摘要（200 字左右，包括全文的要点：研究意义、过程、方法以及结论）、中文关键词（3—5 个）；英文题目、英文摘要、英文关键词（3—5 个）；正文、参考文献。文章若为项目阶段性成果须在首页标题处以脚注的形式标明基金项目名称和编号。

3. 附页：作者信息（姓名、工作单位、电话号码、电子邮箱）。稿件正文中不出现表明作者身份的信息。

4. 正文：

（1）正文标题独占一行，用阿拉伯数字（从 1 开始）表示为：1、1.1、1.1.1……2、2.1、2.1.1……。

（2）正文使用 5 号字；规定中文用宋体，英文、数字用 Times New Roman 字体。

（3）重要术语如果首次在国内期刊上出现，随后须附上外文原文。

5. 文内引用文献：

（1）文内夹注的文献在括号内注明作者姓名、出版年，作者名和年份之间加逗号，年份之后冒号标注页码，如（谢天振，2007：3）、（Nida，1978：98）。行文中的外文姓名翻译成中文，如 Venuti 写作“韦努蒂”。

（2）同时参引多条的，按照出版年顺序排列，之间用分号隔开，中文作者如（赵彦春，2005：87；王洪涛，2011：17）；英文作者如（Lefevere，1998：52；Gambier，2010：415）。

（3）文献作者两人时，中文作者如（王志勤、谢天振，2013：25）；英文作者如（Saldanha & O’Brien，2013：136）。

（4）文献作者三位及以上时，仅列第一作者，其他作者用“等”“et al.”概括，如（钱理群等，1998：89）、（Gaspari et al.，2015：342）。

（5）转引的文献，标明转引的出处，如（转引自杨自俭，2001：7）。

6. 文尾参考文献：

（1）文献条目中外文分开，外文在前，中文在后。外文以作者姓氏的字母为序，中文以作者姓氏的汉语拼音为序。同一作者的不同文献按照发表时间顺序排列。同一作者同一年份的多篇文献，在年份后加小写英文字母 a，b，c 等以示区分。文献条目前不标注序列号。

（2）文中引用文献应在文尾全部列出，多名作者的情况要将作者全部列出。

（3）文尾参考文献采用单倍行距，悬挂缩进 2.5 字符。

（4）文尾参考文献类型以字母标志。其中期刊文章为 J，学位论文为 D，报纸文章为 N，普通图书（专著、译著、教材等）为 M，论文集为 C，论文集或工具书中析出的文献为 A，其余类型的文献为 Z。电子参考文献除文献类型外，还需标出载体类型，如在线期刊文章为 J/OL，网上图书为 M/OL。

7. 文尾参考文献样例：

外文样例——

（1）期刊论文：

SIMEONI D, 1998. The pivotal status of the translator's habitus [J]. Target, 10 (1): 1-39.

（2）专著：

BASSNETT S, 2002. Translation studies (3rd ed.) [M]. London: Routledge.

SALDANHA G, O' Brien S, 2013. Research methodologies in translation studies [M]. Manchester: St. Jerome Publishing.

（3）编著 / 论文集：

VENUTI L, 2012. The translation studies reader (3rd ed.) [C]. London: Routledge.

PYM A, Shlesinger M, Jettmarová Z, 2006. Sociocultural aspects of translating and interpreting [C]. Amsterdam: John Benjamins.

（4）论文集论文：

LEFEVERE A, 1998. Translation practice(s) and the circulation of cultural capital: some Aeneids in English [C]//In BASSNETT S, LEFEVERE A, (Eds.), Constructing culture: essays on literary translation. Clevedon: Multilingual Matters: 41-56.

（5）学位论文：

ASARE E K, 2001. An ethnographic study of the use of translation tools in a translation agency: implications for translation tool design [D]. Kent: Kent State University.

（6）译著：

SHI N A, 1933. All men are brothers [M]. Buck P S, Trans. New York: The John Day Company.

（7）百科、词典、手册词条：

GAMBIER, Y. 2010. Translation strategies and tactics [Z]//In GAMBIER Y, VAN DOORSLAER L, Handbook of translation studies. Amsterdam: John Benjamins: 412-418.

（8）报纸文章：

NEWEY A, 2000. Review of *Where the Sea Stands Still: New Poems* [N]. New statesman, 2000-01-24.

（9）网络资源：

Even-Zohar I, 1978. Papers in historical poetics [C/OL]. http://www. tau. ac.il/~itamarez/works/books/Even-Zohar_1978—Papers%20in%20Historical%20Poetics.pdf.

中文样例——

（1）期刊论文：

王洪涛，2011. 建构“社会翻译学”：名与实的辨析 [J]. 中国翻译，(1)：14-18.

（2）专著：

赵彦春，2005. 翻译学归结论 [M]. 上海：上海外语教育出版社.

钱理群，温儒敏，吴福辉，1998. 中国现代文学三十年（修订本）[M]. 北京：北京大学出版社.

（3）编著 / 论文集：

罗新璋，1984. 翻译论集 [C]. 北京：商务印书馆.

杨自俭，刘学云，1994. 翻译新论 [C]. 武汉：湖北教育出版社.

（4）论文集论文：

朱志瑜，2011. 释道安翻译思想辨析 [C]// 王宏志. 翻译史研究 2011. 上海：复旦大学出版社：1-16.

（5）学位论文：

鲍晓英，2014. 中国文学“走出去”译介模式研究——以莫言英译作品美国译介为例 [D]. 上海：上海外国语大学.

（6）译著：

莎士比亚，1978. 李尔王 [M]. 朱生豪，译. 北京：人民文学出版社.

（7）百科、词典、手册词条：

杨自俭，2011. 翻译 [Z]// 方梦之. 中国译学大辞典. 上海：上海外语教育出版社. 7-8.

（8）报纸文章：

辛红娟，2017. 中国典籍“谁来译”[N]. 光明日报，2017-02-11.

（9）网络资源：

鲁迅，1973. 彷徨 [C/OL]. http://www. readers365. com/luxunquanji/ 04/index. htm.

8. 论文中的注释采用脚注形式。